D1720523

PEDRO SEROMENHO

900
história de um rei

AFONSO HENRIQUES

1109-2009

Paleta de Letras

Autor/Ilustrador

Pedro Seromenho

Título

900 – História de um Rei – Afonso Henriques – 1109-2009
4.ª edição

Edição

Paleta de Letras, Lda.
Rua Dr. Elísio de Moura, 130, 2.º dir.
4710-422 Braga
www.paletadeletras.pt
paletadeletras@gmail.com

Capa e Contracapa

Alexandre Fernandes sobre desenhos de Pedro Seromenho

Design e Paginação

Alexandre Fernandes
http://alexandrefernandes.me

Revisão

Paleta de Letras, Lda.

Copyright

Pedro Seromenho e Paleta de Letras
Dezembro 2010

Impressão

Strongimpact, Lda.
www.strongimpact.pt

ISBN

978-989-96791-3-9

Depósito legal

320254/10

Índice

Nota de Autor

Quando me convidaram para escrever e ilustrar este livro, o peito encheu-se-me de orgulho e receio. Orgulho, porque não é todos os dias que podemos reinventar a vida daquele que, a meu ver, foi a personagem histórica mais importante de Portugal. Receio, porque é esse o sentimento que nos faz querer melhorar, de dia para dia. Todavia, ao ler a primeira e inspiradora frase do "D. Afonso Henriques" do historiador José Mattoso: *não é preciso ser historiador profissional para perceber que não se pode traçar a biografia de uma personagem medieval sem uma grande dose de imaginação*, esse meu receio desvaneceu.

A minha primeira preocupação, como escritor juvenil, foi que este livro não se tornasse enfadonho, que fosse uma aventura, uma viagem de coragem rumo ao desconhecido, como as gloriosas cruzadas que nele descrevo. Como infelizmente ainda não inventaram a máquina do tempo, utilizei antes este dom de ver e vislumbrar e, com ele, tentei empurrar-vos para terras remotas, para o passado. Você, leitor, dir-me-á se consegui fazê-lo sentir que está lá dentro, na alcáçova desse castelo, onde a guerra e a intriga coabitam connosco.

Depois, bem, depois veio o mais complicado. Ao longo da minha odisseia, encontrei sempre dois caminhos: ora opostos, ora semelhantes, quais portões das muralhas de castelos assombrados que podia abrir para entrar, sem saber aonde me levariam. Muitas foram as vezes que tive que escolher mas, nem por isso, deixei de espreitar e experimentar. É a única forma que temos de seguir em frente, em busca dos sonhos que dormem.

Sempre que pude entrei nessa porta, que é do imaginário, da lenda, da crença, onde tudo se torna possível, como nos contos de cavaleiros e dragões. Deixei-me voar, pelo prazer que me dá. Noutros casos, porém, agarrei-me aos factos, às datas, às incertezas escritas, que nos contam os segredos dos que já partiram para outro reino, que não o que aqui vos falo, o nosso, dos portugueses. De pés bem assentes na terra li e aprendi, redescobri esta riqueza, esta fortuna que não tem valor nem preço, que são os feitos deste nosso antepassado, o primeiro rei de Portugal, D. Afonso Henriques.

Obrigado, Vossa Majestade.

1. O Nascimento

25 de Julho de 1109. A noite cobriu o céu sem estrelas e os caminhos sinuosos, num brumoso prenúncio de algo maior. O vento que soprava cálido e forte, dos montes da Penha até à povoação de Vímara Peres, sacudiu as ramagens das oliveiras, limpou a pedra das ruelas e bateu trancas às portas. Não se via vivalma por perto até que, vindos do Sul, surgiram quatro vultos desmascarados pelo luar. Eram quatro cavaleiros trajados com a negrura das asas de um corvo, tão indómitos quanto os animais que montavam. Chegaram num galopar apressado, a escoltar uma pequena carruagem, como se não houvesse amanhã. Com gritos e alaridos, anunciaram-se aos povoados mais próximos e logo, sem demora, dirigiram-se para o Castelo.

– Abram o portão! – ordenou um deles, acenando à torre de atalaia.

– Quem vem lá? – perguntou o sentinela, cego pela escuridão.

– D. Teresa, filha do grande imperador da Hispânia.

Ao ouvir aquilo, um dos guardas percebeu imediatamente o porquê de tanta azáfama. Desesperado, desatou a correr pelo adarve e saltou das escadas interiores, precipitando-se a abrir-lhes o portão principal. Desta forma, a carruagem não precisou de parar e pôde passar as muralhas da alcáçova para só começar a abrandar nas imediações do Castelo.

– Alguém avise o Conde! – gritou outro dos cavaleiros que ladeou a carruagem e espreitou lá para dentro, apartando os mais curiosos.

A sua preocupação era clarividente: a viagem fora extremamente longa, três dias de duro caminho, e a condessa não estava nas melhores condições. Tinha o rosto pálido e inchado, como quem vira um fantasma, enquanto enxaguava o suor gélido nos muitos panos de linho que trazia. O seu estado debilitado exigia cuidados imediatos.

Quando a carruagem parou, havia já um mar de gente à porta do castelo. A maioria vinha da praça de armas e parecia como que de sobreaviso, pronta a ajudar. As mulheres traziam as mãos no peito e os homens as mangas arregaçadas.

– Por aqui! – acenou um abade das ameias, impondo alguma ordem.

Os cavaleiros, cuja missão era a de entregarem D. Teresa sã e salva, não se fizeram rogados. Pegaram na condessa e transportaram-na escadaria acima, até ao último andar, onde ficavam os aposentos reais.

5

– Chegou a hora. – deixou escapar um dos cavaleiros, entre dentes, enquanto entregavam a condessa em braços, para as aias a levarem para o quarto.

Por ser homem e não poder entrar, D. Henrique ficou no corredor. Não podia fazer mais nada. Irrequieto e a andar em círculos, o conde aguentou-se até chegar o padre da Santa Cruz que se benzia enquanto corria, tentando acalmá-lo da aflição. Com o tempo a passar e a curiosidade a possuí-los, ambos encostaram os ouvidos à porta e ouviram aterrorizados a condessa gemer em pranto até que, de repente, irrompeu o choro de um bebé. Foi um choro estranho, não como o comum dos recém-nascidos, que berram e esperneiam por estranharem o mundo a que vêm, mas como alguém que vem para conquistar o seu lugar no mundo. A sua voz era demasiado firme e grave para ser a de um bebé e, todavia, ali estava ele, de aspecto frágil e imberbe, com pouco mais de dois quilos, a sorrir inocente. As mulheres presentes, que serviram de parteiras, ficaram pávidas e boquiabertas, fitando-se umas às outras, num silêncio cúmplice e sepulcral. Enquanto embalavam o bebé, nenhuma delas se pronunciou. No fundo, todas sentiram o mesmo: naquela noite, naquele quarto, nasceu um guerreiro, um predestinado.

Foi essa a novena que rapidamente passou de boca em boca, com o povo a exagerar em júbilo, como quem conta uma lenda. No dia seguinte não se falava de outra coisa. Todos queriam deitar os olhos naquela criança: ora os portucalenses, por estarem ansiosos, ora os galegos, por estarem apreensivos. O povo, que era crente, não descansaria enquanto D. Teresa não baptizasse o filho. Somente a cruz protegê-lo-ia. Os habitantes do Condado Portucalense precisavam de acreditar em algo de bom. Havia sido um ano de más colheitas, com a fome e a miséria a pairarem nos feudos, que os mouros ainda não tinham saqueado. O pouco que a terra dava ia direitinho para o bolso dos nobres galegos. O próprio castelo parecia amaldiçoado. D. Teresa, ainda de luto pelo pai, não queria acreditar no que este lhe havia feito. D. Afonso VI de Leão decidira, às portas da morte, transmitir o trono à outra filha, D. Urraca. Pior ainda, o imperador banira D. Henrique, considerando-o um traidor. Entre a população, as opiniões divergiam e os ânimos exaltavam-se. D. Teresa sabia que este filho varão era agora um trunfo que possuía, para reivindicar o legado do pai. Mesmo sendo filha ilegítima, isso era algo de que jamais abdicaria.

Sem tempo a perder, assim que recuperou forças, a condessa convocou o capelão e ordenou-lhe que preparasse a cerimónia com a maior das celeridades. Na rispidez e frieza que tão bem a caracterizava, tratou então de escolher um aio de confiança para o filho. Se havia coisa que ela não queria, era passar o resto da sua vida no papel de mãe. Recusava-se a tal. O seu destino era o de ser rainha. Além disso, se ela queria fazer frente à irmã D. Urraca, aquela criança só iria atrapalhá-la. Convinha-lhe desenvencilhar-se dela o quanto antes.

Feitos os preparativos, bastaram dois dias para a capela ficar a preceito e, enquanto isso, as pessoas não paravam de chegar a Guimarães. Vinham um pouco de toda a parte, em romaria, com uns a pernoitarem no sopé da povoação, abrigados pelo mosteiro, e outros a montarem tenda nos montes contíguos, para poderem assistir à cerimónia. Foi numa dessas romarias que chegou um indivíduo de porte distinto, nobre, que destoava do resto da multidão pelos trajes elegantes e pelo cavalo tão bem tratado. Assim que chegou ao castelo, num cavalgar apressado, apresentou-se de título em punho e pediu para falar com a condessa. Cumprindo o protocolo, o alferes-mor passou os olhos pelo título praticamente ilegível, onde sobressaía o brasão dos Ribadouro, uma das famílias mais ricas e importantes do Entre Douro e Minho e, em seguida, conduziu-o até ao fausto salão de visitas. Por mais delicado que fosse o momento que se vivia dentro do castelo, não havia como contornar a inesperada visita de tão insigne figura.

– D. Egas, que prazer! A que devo este reencontro? – ecoou uma voz, num tom algo forçado, fingindo-se admirada.

– Condessa, perdoai-me... – desculpou-se o nobre, fazendo uma vénia e beijando-lhe ao de leve a mão – ...vim o mais depressa que pude!

– Veio a seu tempo. – retorquiu D. Teresa, num tom frígido.

– Soube do sucedido... – continuou o nobre, apontando para a ama que acompanhava D. Teresa – ... e venho oferecer os meus serviços.

– Tê-lo-ei em consideração. – manteve-se indiferente a Condessa.

– Se mo confiar, não se arrependerá. Tratá-lo-ei como meu filho.

– Outros há que o poderão fazer, – confrontou-o D. Teresa – como por exemplo o seu irmão, D. Ermígio.

– Certamente que sim. Todavia, nem todos por ele a vida darão. – insistiu o nobre, de forma diplomática.

– Tudo bem. – voltou-lhe costas a Condessa, com desprezo – Seja como for, não sei porque fazeis tanta questão em ser o aio de um aleijado.

– Como assim, senhora?! Que dizeis? – estremeceu o nobre que se apressou a espreitar a alcofa, para se certificar do que esta dizia.

– O menino podia ser imperador e olhai para ele. Que desgraça! Nasceu com as pernas desajeitadas. – encolheu os ombros a Condessa.

O nobre ficou petrificado. De facto, era verdade, o infante havia nascido com um problema nos membros inferiores. Era notório na forma torpe e desengonçada com que ele agitava os pés para a frente e para trás.

– Meu Deus! – tremeu D. Moniz, fitando o horizonte, pela janela entreaberta – Que pretendeis com isto? Será porventura uma provação para mim?

Estes foram alguns dos perniciosos pensamentos que lhe invadiram a alma e o atormentaram noite adentro, com pesadelos atrás de pesadelos, até finalmente amanhecer o dia pelo qual todos aguardavam. D. Teresa e D. Henrique, por sua vez, não perderam o sono a pensar num nome para o filho. A escolha era óbvia. O infante chamar-se-ia Afonso, como o avô. Ficaria com o nome do imperador, cuja memória tinha que honrar, ficando obrigado a imitar os seus grandiosos feitos.

A Condessa foi a primeira a chegar à capela, desfilando impávida e serena, como num dia normal, ao contrário de D. Henrique que, aparentemente inquieto, parecia distante, com o pensamento noutro sítio. Talvez fosse porque os seus conselheiros lhe haviam confidenciado a perda do Castelo de Santarém e a instabilidade que se instalara no de Coimbra. O Conde tinha que reunir um exército de cavaleiros e monges-guerreiros e partir o quanto antes ou, caso contrário, os motins ganhariam proporções ainda maiores. Ficar ali, de braços cruzados, era tempo perdido. A sua imagem de traidor francês não o beneficiava de todo.

– Senhor, eis o teu servo, Afonso Henriques! – comungou finalmente o capelão que pegou no infante recém-nascido, mergulhou-o na pia baptismal e ergueu-o no ar para todos o contemplarem.

9

A humilde capela que transbordava de gente, estremeceu então com o estrondo do júbilo das pessoas que, com hurras e vivas, atiraram os chapéus para o tecto e abraçaram-se umas às outras. Era raro haver assim tanta agitação, num lugar sagrado, onde o silêncio governava absoluto.

Nessa mesma tarde, depois de fazer a vontade ao povo, D. Teresa recolheu aos seus aposentos e ordenou ao mordomo-mor que chamasse o nobre Moniz. Ainda as cigarras não tinham começado a cantar quando lhe entregou o infante, resignando-se:

– D. Egas Moniz, sereis o aio deste primogénito. Fazei dele um rei. Poderá ser a minha desgraça, mas será a glória deste reino.

E assim foi.

Pedro Seromenho

2. A juventude

A vida do pequeno infante, inferiorizado pela incapacidade de nascença, parecia fadada à tragédia e ao infortúnio. Com apenas dois anos de idade e ainda sem conseguir andar, chegara a triste notícia de que seu pai, o conde D. Henrique, havia falecido em pleno campo de batalha contra as tropas aragonesas.

D. Teresa que anteriormente convencera o marido a persuadir D. Urraca a partilhar o condado, via-se agora sozinha. Recusando-se a aceitar a irmã como rainha e herdeira, a sua única alternativa era aliar--se aos Trava, a mais poderosa família do Reino da Galiza. Preferia subjugar-se à ambição dos senhores galegos a entregar o controlo do Condado Portucalense à sua irmã. Para ela, que sempre se intitulara rainha, seria humilhante contentar-se com um lugar inferior.

Depois de sepultar o marido na Sé de Braga, regressou ao Castelo de Coimbra onde fizera moradia e enviou uma missiva secreta a Pedro Froilaz de Trava. A ideia era encontrarem-se os dois, o mais rapidamente possível, em Guimarães. Pedro de Trava era o aliado perfeito. Para além de ser o tutor do pequeno Afonso Raimundes, filho de D. Urraca, com quem estava na altura em Santiago de Compostela para o coroarem Rei da Galiza, era também pai de Bermudo de Trava, com quem se suspeitava que a condessa tinha um caso amoroso. Ela precisava de alguém assim, poderoso e influente, que a ajudasse a manter a posição que tinha.

Quanto ao infante Afonso Henriques, demasiado novo para todas estas intrigas e cumplicidades, a única coisa boa era que, em breve, ia poder brincar com o seu primo, de seis anos de idade, que agora era Rei.

Ardilosamente, os Trava instalaram-se na corte, onde punham e dispunham de benesses e regalias, ampliando o seu poder. Não bastava a desagradável presença do conde Pedro de Trava na corte, com quem D. Teresa começou a arquitectar um astucioso plano de ataque, como este também trouxera os seus dois filhos, Bermudo e Fernão de Trava, para chefiarem as tropas do condado.

Com eles, vieram os fidalgos galegos que se fixaram nos paços, castros e quintas dos senhores do Entre Douro e Minho, para desposarem as suas filhas. E, para agudizar a situação, havia as sucessivas idas nocturnas de Bermudo aos aposentos da condessa no Castelo de Coimbra. Os nobres portucalenses estavam chocados com tamanha postura e traição. Todavia, D. Teresa, fiel aos seus incógnitos planos, tratou de dispensar o mordomo-real e os demais nobres portucalenses que outrora confirmavam os seus diplomas régios. Estava resoluta a que ninguém lhe fizesse frente.

Afonso Henriques, esse, continuava em Guimarães sob os cuidados de D. Egas Moniz que, de repente, se via sozinho e ignorado pela corte. A sua missão era agora a sua obsessão, a de tornar o infante num guerreiro.

Enquanto adquiria as habilidades sociais básicas com as mulheres da casa do Ribadouro, tal como figurar e prosar em público, o infante começou também a manejar diversas armas e a montar com os melhores escudeiros e cavaleiros da região. Um dos exercícios era o de ficar em pé durante horas, sob o tórrido sol, segurando a espada e o escudo com os braços estendidos à frente do corpo até estes lhe doerem. E, só depois, do raiar do dia até ao pôr-do-sol, aperfeiçoava os golpes com a espada, ainda que de madeira, treinava os gestos de arremesso, de lança ou dardo, e aprendia a defender-se com escudo, ou seja, a baixá-lo para impedir uma estocada abaixo da borda e a empurrar a pesada bossa de ferro no rosto do inimigo para lhe esmagar o nariz e cegá-lo com lágrimas. Os sábados, esses, destinavam-se às caçadas de lobos e javalis que o jovem adorava.

O seu treino marcial obrigava-o ainda a caminhar e a correr todas as madrugadas, por forma a fortalecer as pernas. Preocupado, D. Moniz providenciara a vinda de vários boticários que lhe alvitraram remédios, temperos e mezinhas. E o povo que se rendera à afabilidade do jovem, agradecia a sua presença no povoado. Muitos eram os camponeses que vinham em carroças carregadas com ovelhas, vacas e porcos; os servos traziam vasilhas com leite e vinho com mel; os tosadores, alforges de lã; os peleiros, cobertores para o rigoroso Inverno, e as tecedeiras, mantos, pelotes e saiotes para o infante escolher. Estas oferendas simbolizavam todo o carinho que o povo lhe tinha, num gesto solidário, de quem o queria ver recuperado e fortalecido o quanto antes. Não obstante, o caminho mais curto para a cura era, sem dúvida, a força de vontade do pequeno. Afonso cedo demonstrou que era um lutador, que estava talhado para combater.

O infante preferia de longe pegar no seu escudo, espada e punhais, a estudar música, dança ou canto. Era frequente vê-lo na praça

de armas, de espadeira e gorjeira, a treinar arco ou besta, com flechas, virotes e fundos, para afinar a pontaria. Enquanto isso, Moniz assistia de perto, com um sorriso confiante. De quando em vez, o aio inclusive organizava torneios e bafordos, para Afonso demonstrar as habilidades. Vestido com elmo, cota de malha e de lança em riste, fosse em que arena fosse, as arquibancadas lotavam de gente para o verem combater. A sua destreza e ferocidade era algo invulgar para um jovem com apenas catorze anos.

No corpo a corpo, até porque media já um metro e oitenta de altura, o jovem infante tornara-se um adversário de respeito, difícil de derribar. Eram muitos os cavaleiros que, embora mais experientes por virem dos campos de batalha, ainda assim não o conseguiam derrotar. O que faltava em mobilidade ao infante, este compensava com força e firmeza, nos rudes ataques que desferia. Ainda assim, era a cavalo que Afonso se sentia invencível. Ele nascera para ser um cavaleiro, um nobre líder e, por isso, sonhava com os campos de guerra onde cavalgava intrépido de espada, martelo ou maça em punho. D. Egas Moniz, por sua vez, imaginava o pupilo a chefiar um exército à sua imagem, uma companhia imbatível de homens de armas, com dezenas de bandeiras de cinco ou seis lanças de escudeiros, arqueiros, espadachins e besteiros. Era apenas uma questão de tempo. E o aio, naturalmente, sentia-se orgulhoso e recompensado pelo excelente trabalho que estava a fazer.

Face às circunstâncias, desde cedo que Afonso Henriques adquiriu uma personalidade forte, de um indivíduo forçado a prevalecer. Sem conhecer o pai e com uma mãe ausente durante a infância e adolescência, a condição de filho primogénito induzira-o a uma maturidade precoce.

Todavia, aos olhos dos demais senhores do Entre Douro e Minho, Afonso não passava de um rapaz de catorze anos que, como tal, ainda era preocupantemente vulnerável e inseguro. A mesma ausência dos pais que o tornara homem, deixara-lhe profundas cicatrizes na alma, na forma de pensar, com hesitações, perguntas e medos que nem a mais blindada armadura conseguia rechaçar:

– D. Egas, quando voltarei a ver a minha mãe? – indagou o jovem, pensativo, enquanto o escudeiro lhe despia a armadura e a limpava, para não ganhar ferrugem.

– Em breve, meu filho. Chegará este Verão, com Fernão de Trava.

– Com Fernão de Trava?! – indignou-se o infante, acenando ao novel escudeiro que, prontamente, o cobriu da tarde enregelada com um manto.

– Sim, Afonso. Não comeceis. É Fernão de Trava que zela por tua mãe.

Provavelmente para o poupar, D. Egas optava por lhe ocultar os acontecimentos mais recentes, mantendo-o na ignorância. O jovem Afonso Henriques conhecia apenas as disputas e contendas que os jograis, as cantadeiras ou os ségréis trovavam no castelo, sob a forma de notáveis episódios, onde retratavam a sua mãe como uma heroína.

Porém, a realidade era distintamente cruel.

Em 1116, com o infante a completar sete primaveras, D. Teresa e Pedro de Trava levavam a cabo o seu plano e cercavam D. Urraca no Castelo de Sobroso, obrigando-a a fugir da Galiza. A disputa entre as irmãs estava definitivamente instalada. No mesmo ano, o temível emir Ali Yusuf saía de Marrocos, a comandar uma forte expedição muçulmana e estabeleceu-se, com o seu centro de operações, em Santarém. O seu objectivo era sabido: tomar o castelo de Coimbra.

Pelo caminho, Yusuf saqueou e incendiou inúmeras aldeias, fazendo centenas de prisioneiros que, ora escravizava, ora utilizava como escudos humanos nas frentes de combate. Os seus adversários temiam-no tanto pela imagem, quanto pela perícia. Tinha um aspecto imponente, quase bárbaro, de rosto esquálido, olhar rasgado e dentes aguçados que lhe tornavam o sorriso ainda mais pérfido. Os seus cabelos eram compridos e negros como a noite sem lua. Nos campos de batalha, trajava longas túnicas de seda que se volteavam no vento e iludiam os oponentes, enquanto este desembainhava o sabre e as adagas.

Contava-se que guerreava de uma forma diferente dos cristãos, como que a dançar. Os que o haviam visto a lutar contra vários peões ao mesmo tempo, confessavam ter estado na presença de um demónio com força sobre-humana. E o pior, acrescentavam, era aquilo que não se via. A imagem deste, porventura enganadora, escondia um homem sábio, disciplinado, com uma enorme capacidade táctica. Tratava-se pois de um exímio comandante, com uma tropa fiel à qual, agora que conquistara o Castelo de Santa Eulália, em Montemor-o-Velho, se juntavam reforços vindos por mar.

De facto, D. Teresa estava com Fernão de Trava, em Coimbra, mas o que Egas não dissera é que estavam a ser continuamente assediados por tropas almorávidas. Os Trava, que se batiam dia e noite para defenderem as guaridas do Castelo, eram o derradeiro obstáculo à vitória de Ali Yusuf.

– Sabeis amigo, por vezes sinto-me sozinho. – confidenciou Afonso a D. Egas que pegou num círio aceso e alumiou o corredor, ignorando-o.

O aio sabia que o jovem infante era suficientemente humilde e inteligente para tirar as devidas conclusões. Era importante que este estivesse ciente do longo caminho que tinha a percorrer pois, mais cedo ou mais tarde, dependeria apenas de si próprio. O seu destino não podia ser confiado a mais ninguém. Fora este, pelo menos, o ensinamento que lhe dera.

– Vinde, rapaz. – chamou-o D. Moniz, abraçando-o – É hora de cear. Hoje bebereis tinto em vez de sidra, para afastar os maus pensamentos.

Depois dos sinos tocarem e os portões da povoação fecharem, Egas juntou-se ao jovem para rezarem e banquetearem um repasto digno de rei.

Na mesa, posta com toalha de linho debruada a oiro, havia enormes escudelas com gamo, lebre e faisão, assim como um pote de ensopado, travessas de arenque e tigeladas, que os criados iam servindo nos intervalos das trovas. Ao som do alaúde, da rebeca e da charamela dos menestréis, o infante escutou os feitos heróicos do pai que combatera Afonso de Aragão, e aqueceu o estômago com caldo de legumes.

– Brindemos! – riram ambos, chocando os copos de prata.

3. O Cavaleiro

Decorridos dois anos, Afonso atingira a maioridade. Com dezasseis anos de idade e um enorme desejo de se afirmar, o jovem tinha cada vez mais desavenças com o amante da sua mãe. A relação de D. Teresa com Fernão de Trava estava cimentada mas, em consequência disso, os poucos nobres portucalenses que restavam na corte haviam desertado um a um. Nem mesmo o alferes-mor de seu pai escapara a esta razia.

O problema é que Afonso, agora mais homem, mais instruído, passara a subscrever os documentos da mãe e via com maus olhos a subida dos nobres galegos ao poder. A última visita que a mãe lhe fizera, aquando do seu aniversário, terminara com uma tremenda discussão. O nobre cavaleiro, que não tinha papas na língua, não se inibia em confrontá-la, questionando-se quanto à independência do condado. Para um jovem irreverente como ele, com os seus ideais, era impossível não se rebelar contra os muitos tratados e concessões que na altura se faziam. De ano para ano, a sua maior convicção era a de que o condado pertencia ao povo, aos portucalenses. Não podia nem pretendia deixar de os defender.

Assim, mesmo sem D. Egas o incentivar a tal, sobretudo porque ainda não o considerava preparado, a sua maior vontade era agora a de se tornar cavaleiro. Não se tratava de imitar o primo, Afonso Raimundes, que fora recentemente proclamado cavaleiro, mas sim porque era algo que lhe estava no sangue. Não se contentava em ser o infante.

Os seus treinos eram cada vez mais exigentes, com os mestres-de-armas a ensinarem-lhe tácticas e técnicas inovadoras de combate, que os Templários haviam aprimorado nas cruzadas. E D. Afonso, que vivia na ânsia de provar o talento e de se mostrar ao mundo, evoluía depressa. Para este jovem, que vislumbrava o mundo a preto e branco, com o bem e o mal, os heróis e os vilões, a combaterem em nome da justiça divina, os horrores da guerra santa eram apenas uma miragem. Não fazia ideia do que realmente o aguardava. Talvez por isso estivesse tão impaciente por viajar até à Sé de Zamora para o investirem valente.

Há vários meses que Afonso Henriques pressionava D. Egas e os demais nobres portucalenses a acompanharem-no nesta missão. Ele fazia questão em afirmar a sua independência, perante tudo e todos, nem que para isso tivesse que se cingir a si próprio diante do altar. A própria mãe, embora contrariada, não sabia bem como demovê-lo. Se o proibisse de ir, estaria mais uma vez a opor-se aos nobres portucalenses, com quem já não tinha as melhores relações. Afonso era teimoso e irreverente e, à medida que crescia, havia cada vez menos pessoas que ousassem fazer-lhe frente.

Por isso, depois de conseguir convencer o Arcebispo de Braga, D. Paio Mendes, D. Afonso contrariou a vontade da mãe e preparou-se para rumar a Este. Convocou os que considerava amigos, transmitiu-lhes a sua decisão, e pediu-lhes que o assistissem no santo dia de Pentecostes. A sua intenção era tê-los reunidos, quais apóstolos, para o confortarem:

– Achas que Egas irá comigo? – perguntou Afonso ao pajem que lhe costurava a orla da capa.

– Sim, creio que irá. Sabeis de sua opinião, mas irá. Irá convosco até ao fim do mundo.

– É bom ter em quem confiar. O mundo está cheio de mentiras. – suspirou D. Afonso, admirando o retrato de Roberto II, Rei de França.

O nobre cavaleiro já não era tão ingénuo. Na sua memória, continuava fresca a imagem da tia, D. Urraca, a sitiar a mãe no castelo de Lanhoso. O seu pressentimento, agora que Urraca estava às portas da morte, era de que o seu primo lhe seguiria os passos e, com isso, iria trazer amarguras e dissabores ao povo do Condado. Não tardaria a que o Rei de Galiza fosse proclamado também Rei de Leão e, com isso, Imperador da Hispânia. Ora, como qualquer Rei que sobe ao trono, a sua primeira preocupação passaria por percorrer os seus reinos, para reforçar os jugos e acometer os insurrectos a prestarem-lhe vassalagem. Afonso jamais se subjugaria ao poder do seu primo. Nem pensar. Ele não nascera para se ajoelhar, fosse a quem fosse. Era imperativo armar-se cavaleiro o quanto antes para que, ao lutar contra os mouros, os infiéis, pudesse demonstrar o seu valor. Era esse o caminho a percorrer.

– Senhor, o povo, mesmo inculto, distingue quem é verdadeiro. – sorriu-lhe o pajem que lhe vestiu a capa e se despediu dele, no vão das escadas.

D. Afonso precisava de repousar. A semana seguinte antevia-se extenuante, com uma longa viagem, grandes emoções e um

regresso atribulado. Era uma espécie de teste, de provação, e o povo estava atento.

Como previsto, D. Egas Moniz não o desiludiu. Saiu atrasado de Ribadouro, mas interceptou a caravana de Afonso em Miranda do Douro, onde pernoitaram, para seguirem rumo a Zamora. Quando arribaram, pela madrugada, já a população o esperava e a igreja desesperava. Antes deles, chegara um mensageiro de D. Teresa que trazia o seu incómodo por escrito, para impedir a reverência e prender D. Paio Mendes pela afronta.

Diplomaticamente, o clero não podia deixar de receber D. Afonso, mas nem por isso queria presidir à cerimónia de investidura. Afonso viu-se mais uma vez no seio de discussões e controvérsias, sem que ninguém tomasse a iniciativa. No segundo dia da sua estadia, quando ainda nada estava decidido, D. Afonso chamou o arcebispo para cear consigo, tomou um revigorante banho, cortou o cabelo curto e ficou acordado a noite inteira numa vigília de reza. Precisava urgentemente de respostas:

— Deus, dai-me força para conquistar, não campos e terras, mas as pessoas e os malévolos interesses que pairam em meu redor. — rogou ele.

Ao ouvir o cântico dos melros, com os camponeses já a ceifaram o trigal e os sapateiros a pendurarem as solas nas paredes das lojas, Afonso Henriques pegou no escudo e na espada, vestiu-se a si próprio e desceu para se alimentar, mais esclarecido. Não proferiu uma única palavra, a quem quer que fosse. Simplesmente comeu e, com Egas no encalço, dirigiu-se para a catedral, onde o esperava D. Paio Mendes. O arcebispo benzeu-lhe a entrada na Sé e, ao som de um burburinho incessante, D. Afonso como que desfilou e subiu até ao altar.

Diz o costume que os candidatos são investidos por cavaleiros de nome maior, aos quais se ajoelhavam para "receber o título" no ombro com uma espada, que depois afivelam num talim. Porém Afonso, que prometera a si próprio jamais se ajoelhar a quem fosse, pousou o escudo que trazia no solo sagrado, subiu-lhe para cima e vestiu-se com a armadura de um gigante. Afonso, que ganhara corpo de homem, media então um metro e noventa. A altura precedia-lhe a imponência. Por isso, grande e grandioso, fez como os verdadeiros reis. Indiferente aos bispos, arcediagos e arciprestes locais, que não paravam de murmurar entre si, repudiando tamanha insolência, D. Afonso elevou a espada e orou em voz alta, com a coragem de um leão que ruge antes da caça:

– Não terei cavaleiro que me proteja! Serei defensor da cruz e protegido pela cruz que será formada de escudos, neste meu escudo!

Ao ouvir isto, D. Egas comoveu-se. Ele que investira tanto tempo e riqueza na educação daquele rapaz, fazendo dele seu filho, sentia-o agora crescido, imponente, um homem pronto a combater. Era uma honra, um orgulho, vê-lo ali em cima daquele altar. Sem aguentar a emoção, o aio aproximou-se dele, entregou-lhe as esporas e o cinturão, e abraçou-o com uma palmada no pescoço. O nobre minhoto tinha o rosto lavado de lágrimas e o coração de alegria.

Nos dias que se seguiram, comemorou-se a ocasião com música, teatro, cuspidores de fogo e malabaristas, destinados a entreterem a comitiva portuguesa. Foi assim até Afonso partir de regresso a casa, conduzido por ventos de mudança.

4. A Batalha

Quando o nobre cavaleiro chegou a Guimarães, já a mãe o aguardava no castelo com uma ira de fazer acobardar os deuses, exigindo--lhe satisfações. A condessa estava determinada a demonstrar quem mandava. Depois de repreender D. Egas, D. Teresa ordenou às tropas que prendessem D. Paio Mendes e permaneceu indefinidamente no castelo, de forma a serenar os ânimos da população. Afonso, agora mais astuto, obviamente que não se deixou ficar. Continuou a reunir com os nobres portucalenses, a maior parte das vezes em segredo, para discutir as fragilidades do Condado Portucalense.

Agora que se tornara cavaleiro, as principais famílias viam-no como um chefe decidido, prestes a ocupar o poder. Por muito que D. Teresa tentasse comprá-los, com doações, oferendas e forais, depois dos espiões a informarem quanto às respectivas posições, era-lhe incompreensível como a maioria insistia em ficar do lado do filho. Era algo que a exasperava e deixava endemoninhada.

Para quem vivia no castelo, foram anos de tormento. As quezílias e os desaforos, provocados de parte a parte, não deixavam ninguém dormir. Um pouco por todo o condado, não havia um único portucalense que não desejasse ver-se livre de Fernão de Trava. A própria igreja, indisposta com a pecaminosa relação da condessa com os irmãos Trava, parecia fechar-se a sete chaves.

Se, a Sul, a população vivia em permanente alvoroço face aos ataques, saques e pilhagens das tropas de Ali Yusuf, a Norte, os piores receios de D. Afonso começavam a tomar forma: com a morte de D. Urraca, D. Afonso VII tornou-se Imperador e iniciou uma tumultuosa viagem, com o propósito de obter juramentos de fidelidade. Depois de percorrer toda a fronteira de Castela com Aragão entrou de rompante pelo condado adentro, a encabeçar um gigantesco exército, para a tia lhe reconhecer a autoridade. Queria ter a certeza que a condessa não o iria contestar, como havia feito com a sua mãe.

D. Teresa, essa, é que não esteve com meias medidas. Assim que os espiões a informaram do sucedido, a condessa aprestou a comitiva e preparou-se para partir, com Fernão de Trava, novamente para Coimbra. A última coisa que lhe corria pela cabeça era abdicar do que quer que fosse:

— Aonde ides, mãe? — confrontou-a D. Afonso, ao vê-la despachada.

– Fugimos à humilhação. – defendeu-a o Trava – O exército do Imperador é demasiado poderoso para lhe fazermos frente.

– E deixais o povo à mercê?! – indignou-se Afonso – Que fraco sangue tendes. Se ides, não mais voltais! Eu próprio defendê-los-ei!

D. Afonso estava tão furibundo com tamanha cobardia, que Egas teve que segurá-lo para o aquietar:

– Tende calma, Afonso. Pode ser que o teu primo te abendiçoe.

Mas não foi isso que aconteceu. Pelo contrário, D. Afonso VII, Imperador da Hispânia, chegou passado uma semana, acampou com as tropas defronte do castelo e exigiu a presença da condessa. Com as fogueiras acesas em redor da muralha e a paciência esgotada pelos quilómetros percorridos enviou um ultimato: ou o deixavam entrar e lhe faziam a corte, ou não sobraria pedra sobre pedra!

D. Egas Moniz parecia mais preocupado do que D. Afonso. Talvez fosse por este último ser jovem e ter o sangue a fervilhar, à flor da pele. A honra e o orgulho de Afonso impediam-no de prestar vassalagem ao primo:

– Neste castelo só entra quem é convidado! – reiterava ele.

– Mas, Afonso, a balança pende para revés. – pronunciou-se o aio, chamando-o à realidade.

Uma coisa era ser valente e outra ser insensato. D. Egas sabia que a vantagem pendia exageradamente para o lado de D. Afonso VII, que trouxera consigo uma incontável legião de cavaleiros, armados até aos dentes e com mantimentos para prolongar o cerco o tempo que fosse preciso. Do mosteiro até ao castelo, havia acantonamentos dispersos, com tropas leonesas, até se perderem de vista. Enquanto isso, dentro da fortificação, passava-se exactamente o contrário. Afonso Henriques dispunha apenas de umas dezenas de homens capazes de lutar. As armas não chegavam para todos e, se ali ficassem fechados muito mais tempo, faltar-lhes-ia não só os alimentos frescos como a água potável.

– Que seja! – gritava Afonso, vagueando entre os torreões – Lutaremos em casa, para que nela morramos!

Por muito que se esforçasse, D. Egas não o conseguia demover. O aio sabia que, se D. Afonso não resolvesse o impasse, isso custar--lhe-ia a vida. Não podia deixar que tal acontecesse. Por isso, em segredo, chamou o seu filho Lourenço e saíram ambos pelos fundos, pela porta da traição, onde os esperavam os emissários do imperador. O nobre cavaleiro nada imaginou. Pela calada da noite, D. Egas e o filho entraram na tenda de Afonso VII e comprometeram-se sob palavra de honra a que, no dia em que Afonso Henriques subisse ao poder do condado, o mesmo jurar-lhe-ia obediência:

— Imaginai, sua Alteza, a galhardia de Afonso a lutar por si! – jogou o aio, apostando tudo o que tinha – Juro-vos que poderá contar connosco!

Esta foi, sem dúvida, uma forma ardilosa de contornar a situação. D. Egas Moniz sabia que não era de Afonso que o imperador pretendia vassalagem. Pelo contrário, era notório que D. Afonso VII respeitava a coragem do primo, pois nunca escondera tal sentimento. Ao deixar que D. Afonso Henriques lutasse por si, ficaria com a vida facilitada. Porventura, terá então reconsiderado, o melhor seria deixar as coisas como estavam. Em breve chegaria a altura dele reclamar o que era seu por direito:

— Aguardarei pelo meu primo em Toledo. – assentiu o imperador.

E assim foi. Na manhã seguinte, para gáudio da população de Guimarães, D. Afonso VII levantou o cerco e partiu com as suas hostes. Alguns ficaram incrédulos, sem perceberem o porquê, e outros eufóricos, a festejarem com presunção a vitória de Afonso Henriques. A notícia correu rios, montes e serras, até ao vale de Douro e de Santa Maria da Feira, com os nobres dessas terras a não caberem em si de contentamento. Chegou também ao Mondego, onde os tenentes, obedientes a D. Teresa, rapidamente concluíram que era preciso fazer algo. A fama que o seu filho ora portava havia-o erguido aos píncaros do céu.

As lendas e mitos que se contavam anteviam nele uma espécie de César, invencível. Se D. Teresa e o Trava não regressassem quanto antes a Guimarães, podia ser tarde para ambos. D. Afonso havia já tomado dois dos seus castelos, os de Neiva e Faria. Por isso, em poucas semanas, os dois reuniram as tropas galegas de que dispunham, os soldados que ainda eram fiéis à condessa e prepararam um glorioso regresso ao castelo do qual haviam outrora fugido. Nada foi deixado ao acaso. Depois de doar o castelo de Soure à Ordem do Templo de Jerusalém, para cair nas boas graças dos Templários, D. Teresa partiu mais confiante. O seu exército atravessou o Douro e dirigiu-se até Guimarães, para o inevitável embate.

No dia 24 de Junho de 1128, dia de S. João Baptista, no campo de S. Mamede, deu-se então a fatídica batalha entre mãe e filho. O primeiro a raiar por entre a luz parda da neblina foi o porta-estandarte, de bandeira hasteada bem alto, para exibir a cruz azul em fundo de prata. Vinha emproado, com uma das mãos a segurar o bordão e a outra apegada ao cabo da espada. Nas suas costas, seguiram-se centos de peões galegos que caminhavam trajados de azul e com o Santo Graal no peito, como escusa da sua infâmia. Fernão de Trava separava, numa linha imaginária, os atarracados piqueiros que se adiantavam em campo, dos besteiros que se quedavam. Era ele que coordenava as hostes, apontando para os montes a sudeste e a sudoeste, donde não paravam de despontar aglomerados de militares. Afonso e os seus, em menor número, foram apanhados de surpresa. Ao se depararem com tamanha adversidade, de forças tão desiguais, não recuaram mas temeram o pior. Ainda assim, D. Afonso foi o primeiro a galgar a ribanceira de São Mamede, para se arremessar arrojado à parede de escudos do inimigo. Encandeado pelos clarões das lâminas que subiam e desciam, no arrepiante ruído do ferro na madeira e do ferro no ferro, D. Afonso encolheu-se no cavalo e com um colossal urro arrombou a primeira fileira de armas. As tropas galegos, apanhadas de surpresa pela sua ousadia e rapidez, ainda lhe jogaram as espadas mas não o conseguiram cortar de verdade. O nobre cavaleiro era veloz de movimentos e corria os campos como um corcel selvagem. Da ponta afiada ao pomo da espada, reflectiam os rostos assustados que o tentavam derribar. Os seus braços, longos e firmes, não permitiam que peão algum o tocasse. Somente os lanceiros, com um entrecruzar de alabardas, lhe impediram passagem, fazendo-lhe o cavalo claudicar. Naquele momento, com o corpo rodeado de piques, foi como se o tempo simplesmente gelasse. Os seus sentidos, de tão apurados pela ira, faziam-no vislumbrar o inimigo vagaroso, à mercê dos seus desabridos ataques. Conseguia ouvir as lanças a aproximarem-se nas costas sem, no entanto, o tocarem. Os cavaleiros que o guarneciam, com as espadas cruzadas e os longos manguais a girar, ganharam então o tempo de que precisavam, até chegarem mais reforços.

Inexplicavelmente, Afonso permanecia hesitante, como que alheio a tudo. Tinha um longo golpe na perna, que se esvaía em sangue, e nem por isso o sentia. Os seus fiéis, receosos de não aguentarem muito mais tempo, precisavam da sua força, da sua chefia. Era a primeira vez que o viam assim.

Então, de repente, o ar gélido que lhe repuxava a capa começou a tresandar a carnificina. Quase que se conseguia cheirar o pânico, a exalar do suor dos opositores lembrando o odor das ovelhas que, presas no ovil, são violentadas por lobos esfaimados. Soeiro Mendes, o *mãos-de-águia*, irrompera com os seus homens pelo flanco e, de maça espigada em punho, derrubava os oponentes que se lhe afiguravam. Em bloco, os seus cavalos ziguezaguearam por entre a fileira de besteiros que, por terem o alvo demasiado perto, não os conseguiam mirar. Estes foram presas fáceis dos machados duplos, das clavas e das mocas maciças que, com estocadas precisas, tanto lhes quebravam a coluna, como lhes arrancavam a cabeça.

Depois de eviscerar os guardas-reais, cravando-lhes as adagas no peito de cada um, Soeiro virou-se para o Trava, por quem o ódio não lhe cabia na alma. Afonso assistiu impávido ao *mãos-de-águia*, que saltou do cavalo em andamento e derrubou o galego, deixando-o inconsciente. Já no solo, o nobre portucalense fez jus ao seu nome e lutou corpo a corpo com um dos escudeiros da condessa a quem, por havê-lo surpreendido à traição, cravou as garras na face, cegando-o. Afonso Henriques, ao ver aquilo, desembainhou a longa e pesada espada, que poucos homens conseguiam sozinhos erguer, e desferiu uma estocada que derrubou três peões de uma assentada. Com os calcanhares cravados no quadrúpede, D. Afonso como que acordou e rodopiou sobre si mesmo, ganhando lanço, para a sua lâmina esventrar os cavaleiros galegos que por ele passavam. A força era tamanha que o aço, ao vergar sem partir, quase o arrancou da sela. Recuperado do impacto, Afonso Henriques pegou em Soeiro, afastou-se e deu ordem aos arqueiros para lançarem uma saraivada de flechas sobre o inimigo. Queria dizimá-los de uma vez por todas para que a sua mãe, a presenciar tudo do alto do monte largo, soubesse o quão inútil era confrontá-lo. O gigante do seu filho havia despertado e estava agora enraivecido!

Em seguida, para impedir que os sobreviventes se recompusessem, Afonso chamou a si meia dúzia dos melhores homens e atacou de novo, desta feita pela retaguarda. Ciente de que, num exército, os fracos e os de armas mais débeis ficam na retaguarda, o nobre cavaleiro sentenciou o combate. De rompante, as espadas dos portucalenses ceifaram dezenas de vidas, com os corpos a tombarem e os olhares a fecharem, do rebater do aço no osso, num massacre impiedoso. Não sobraram inimigos que não os rendidos, deitados sobre a terra e sobre o sangue dos próprios confrades. Os restantes nobres portucalenses, recém-chegados em auxílio, juntaram-se aos soldados feridos, a entoar cânticos de vitória. E, com eles, D. Egas Moniz demonstrou o quão desembaraçado era de espada. A sua lâmina afoita parecia também ela cantar, com os sussurros do ar que levavam os gritos e os lamentos dos prostrados.

Contudo, Afonso em vez de se preocupar em alimentar os corvos com o sangue dos estrangeiros, saltou do cavalo e correu ladeira acima, à procura da sua mãe. Era ela que lhe devia indulgência. Não a iria perdoar.

– Mãe, onde vos escondeis?! – gritou D. Afonso que, para se acercar, tratou primeiro de aniquilar os guardas que por ela velavam.

– Matem-no! – ordenou D. Teresa, como que tresloucada, a berrar.

A condessa ficou possessa ao ver os seus homens a tombar, um a um, a seus pés. Prestes a encarar a derrota, com a vertigem de quem se abeira do precipício, pulou então para as costas do filho e desgrenhou-lhe o cabelo, enquanto Afonso se debatia.

– Que loucura acometeis?! – queixou-se D. Afonso, tentando sacudi-la de cima – Não me obrigueis a guerrear convosco, que sois mulher e minha mãe!

No dia mais longo do ano, o do solstício, os homens de Afonso Henriques destroçaram o exército de D. Teresa e de Fernão de Trava. Foi um triunfo retumbante, com as tropas portucalenses a afirmarem-se de vez.

Na ressaca da batalha, os vitoriosos conduziram os inimigos feridos para as enfermarias, os derrotados para os campos de trabalhos e, os seus senhores, para o castelo de Lanhoso. Na verdade, este castelo era uma fortaleza-prisão que, cravada no cimo de um imponente rochedo, muitas vezes servia para albergar os fidalgos alquebrados e os presos políticos. Foi para aí que, depois de contabilizar as baixas e recompensar o empenho dos nobres, o próprio Afonso escoltou a condessa e o Trava.

Defendidas por uma barbacã e por um fosso, que faziam do portão flanqueado por dois torreões a única entrada possível, as espessas paredes do castelo afiguravam-se intransponíveis. Não havia quaisquer hipóteses dos prisioneiros fugirem ou de serem resgatados. Depois de trespassarem as muralhas, encimadas por ameias e troneiras, era na torre principal que os cavaleiros discutiam as operações militares. E, precisamente por debaixo do nobre salão de guerra, ornamentado com armaduras brilhantes, armas de haste e escudos afixados nas paredes, ficavam os obscuros calabouços do castelo. Essa era a moradia que estava reservada ao casal que, inquieto e relutante, foi levado por um corredor húmido e apertado, desceu uma escadaria íngreme e seguiu por uma ladeira escorregadia e lamacenta.

Nas profundezas daquela fortificação que, na sua torre de menagem, se elevava nos mais de dez metros de altura até ao céu, havia igualmente um purgatório. Tratava-se de um inferno frio e sombrio onde, ou se adoecia ou se era esquecido pelo tempo. De qualquer forma, os seus inquilinos estavam condenados à morte certa. No interior dos calabouços havia uma câmara que abrigava várias celas desocupadas. Então, a dada altura, os guardas que traziam a condessa e o galego, separaram-se em dois grupos e, conforme o previsto, os prisioneiros foram levados para diferentes celas. Afonso fizera questão de que estes não ficassem juntos.

Sem piedade, o Trava foi violentamente arremessado contra o chão do cárcere, para o meio das ratazanas, onde ficou de joelhos e a tremer. Os guardas que, entre risos e gracejos, o vaiavam e lhe cuspiam, viam-no agora como um motivo de chacota. Quanto a D. Teresa, foi cautelosamente acorrentada a uma parede de pedra gélida e mofenta, por onde a humidade do tecto escorria, até ao chão ficar alagado. Embora esta pudesse caminhar de um lado para o outro, naquela cela de reduzidas dimensões, não havia para onde ir. A condessa estava presa pelos tornozelos e tinha apenas uma tocha no corredor a iluminá-la da escuridão. Durante horas ficou ali, agrilhoada, sem ouvir outro barulho que não o gotejar. Sem cadeira ou cama onde se deitar, acabou por estender o corpo no chão gelado e recurvou-se a um canto para se aquecer. A pouca roupa que vestia estava peganhenta e grudara-se às costas que, retorcidas e doridas, não a deixavam descansar.

Foi então que ela ouviu passos que lhe eram familiares, de alguém a aproximar-se da cela:

– Como estais, minha mãe? – indagou Afonso, com a voz trémula.

D. Afonso recusou-se a sair da sombra e a encarar a mãe. Tê-la ali, diante de si e encarcerada como inimiga, era algo que não lhe aprazia.

– Como crês?! Prendeste-me aqui, puseste-me a ferros e roubaste-me o marido! – estrebuchou a condessa, tentando agarrá-lo através das barras – Rogo a Deus que sejais preso, assim como eu fui e, porque me meteste ferros nos pés, que quebrantadas com ferros sejam as tuas pernas!

– Certificar-me-ei de que vos alimentam condignamente. – ripostou D. Afonso, não se deixando abalar.

As juras e as maldições que a mãe lhe lançava não pareciam atingi-lo. Era como se lhe resvalassem na couraça da armadura. Ele conhecia melhor do que ninguém o mau feitio da condessa e, além do mais, era pouco supersticioso. Não esperava outra coisa dela. As personalidades de ambos, parecidas e fortes, levavam quase sempre ao confronto. Ainda assim, para não retorquir na mesma moeda e não dar parte de fraco aos soldados que o conduziam, Afonso Henriques achou que seria melhor virar-lhe costas, fazer-se de mouco e abandonar de vez as masmorras.

– Foge, cobarde de meu filho! Não terás aonde te esconder e, por não amares a tua mãe, jamais saberás o que é amor! – continuou a gritar D. Teresa, com as poucas forças que lhe restavam.

Foi preciso passarem duas noites até D. Afonso, com o coração mais brando, se decidir novamente a visitá-la. Não podia esperar mais tempo. Naquelas masmorras duas noites significavam muitas horas e, as horas, um suplício infindável. Lá em baixo, o tempo arrastava-se de joelhos, tal como os prisioneiros, até à eternidade. Afonso guardava no peito o receio de que a mãe, por não pregar olho, pudesse ganhar febre e adoecer.

– Mãe, soltá-la-ei no dia de amanhã! Não pretendo que enfermeis. – avisou-a de antemão D. Afonso, mostrando-se conscencioso.

– Mas... e Fernão?! – preocupou-se a condessa, estranhando o gesto.

A verdade é que, para Afonso, apesar de D. Teresa o ter atacado, fosse por instigação dos galegos ou por avidez desmedida, continuava a ser a sua mãe. Era uma desonra tê-la ali retida, contra a sua vontade. Além do mais, todos, quer o nobre cavaleiro quer os nobres portucalenses, queriam livrar-se do Trava. Esta era a altura indicada para o expulsarem do condado.

– Soltar-vos-ei a ambos. Devem rumar a norte, antes do ocaso, para o Trava não mais voltar. – sentenciou Afonso Henriques, com uma vénia.

Com os ânimos exaltados, as despedidas foram escusadas. Após serem libertados, o casal aproveitou-se da clemência de D. Afonso e deixou o condado. Com uma mão à frente e outra atrás, não se fizeram rogados e partiram. Quanto aos nobres galegos, de acomodados que estavam à riqueza, fizeram que não era nada com eles. Apenas o irmão, Bermudo de Trava, incitou à revolta do Castelo de Seia mas D. Afonso, ao saber da situação, foi até lá e resolveu-a pelas próprias mãos, expulsando-o do castelo e do condado. A sua independência deixara de ser uma miragem.

5. A promessa

Após expulsar o conde de Trava, Afonso decidiu que era urgente constituir uma corte e atribuir funções administrativas aos nobres que o haviam apoiado. Eles, juntamente com a igreja, eram a sua força maior. Foi nesse sentido que D. Afonso nomeou os oficiais da chancelaria, da capelania régia e tratou de outorgar uma mão cheia de diplomas que conferiam variadas benesses aos que o rodeavam.

Com os rendimentos da chancelaria concedidos à Sé de Braga, na figura de D. Paio Mendes, D. Afonso começava assim a desenhar o seu círculo de poder. Antes de mais, o seu objectivo era o de reclamar uma autoridade política independente para o condado, que ganhou uma nova bandeira e uma nova capacidade: a de cunhar a própria moeda.

Tornava-se necessário conseguir mais riqueza, mais territórios e mais aliados. Agora que tinha um reino, mesmo sem ainda ser rei, Afonso pretendia ampliá-lo quer para norte, quer para sul. Para isso, contava com o apoio dos nobres portucalenses. Todavia, para ele, o mais importante continuava a ser o povo.

Os seus primeiros diplomas, doando abadias e mosteiros, destinaram-se exactamente a pobres eremitas e peregrinos que vinham de toda a Europa. Afonso identificava-se não só com o espírito destes, renovador e inconformado, mas também com a missão de que estavam incumbidos, a luta pela fé cristã. Preocupado em protegê-los das ofensivas mouras, o jovem apadrinhou os Hospitalários e confirmou a doação do Castelo de Soure aos Templários. Se, por um lado, o seu dever de cristão era acolhê-los, por outro, este gesto denotou uma grande astúcia política. A presença dos Templários em Soure, por si só, serviria para fortificar as defensivas do condado, a sul de Coimbra, que não cessava de ser fustigada por Ali Yusuf. Era para lá que D. Afonso Henriques tinha que ir, para resgatar os mais fracos às mãos dos infiéis. Além disso, se permanecesse em Guimarães, sentado no trono, corria o risco de se haver libertado dos senhores galegos, para agora ser influenciado pelos nobres portucalenses.

O poder é afrodisíaco, mas também cruel. Inevitavelmente, em breve, as traições e as afrontas teriam lugar. O mais conveniente era manter a distância e procurar aliados noutras bandas. Há muito que se ouvia falar no arrojo e braveza dos cavaleiros-vilãos que, rudes, prescindiam de usar armadura, ou dos místicos monges-guerreiros que empunhavam espadas disfarçadas de crucifixos. D. Afonso queria juntar-se-lhes para se tornar no que lhes faltava, um líder, um caudilho valente. Em Coimbra, estaria mais próximo da frente de batalha e dos que dele mais precisavam. O seu corpo tinha fome de luta e de conquista.

Foi por isso que, em 1131, depois de se aconselhar com Egas, o novel cavaleiro viajou de vez para Coimbra. A sua residência passou a ser uma cidade que, para além de ser estratégica, se havia tornado num dos maiores centros de trocas comerciais da altura. O seu perímetro citadino era maior do que os do Porto e Braga juntos. Correspondia em tamanho, portanto, à grandeza dos desejos de D. Afonso. Ele, que jurou viver e morrer pela cruz, não perdeu tempo a instalar-se no castelo e promoveu a fundação da ordem de Santa Cruz de Coimbra.

Foi no mosteiro de Santa Cruz de Coimbra que conheceu D. João Peculiar, Bispo do Porto, que lhe narrou as atrocidades desumanas norteadas por Yusuf sobre as aldeias das redondezas. Tragicamente, entre esta cidade de Coimbra e Santarém, não havia ermo que não tivesse sido esventrado pelas cruéis garras dos sarracenos. Da alcáçova do castelo D. Afonso pôde vislumbrar, com os próprios olhos, as labaredas que iluminavam a noite como se fosse de dia, a assinalar os saques perpetrados. Os gritos de agonia e as preces dos moribundos como que pairavam sobre a bruma e entravam-lhe tímpanos adentro, ferindo-os quais azagaias afiadas. Petrificado com tamanha devastação, sabia que agora, mais do que nunca, tinha que intervir por aqueles pobres coitados.

Ciente de que o tempo urgia, Afonso apostou em recrutar centenas de camponeses que chegavam escorraçados das terras de Al-Gharb para lhe pedirem auxílio. Independentemente de serem nobres, cavaleiros ou simplesmente aldeões, D. Afonso queria os melhores homens a seu lado. Para o efeito, ordenou então que se criassem aquartelamentos e campos de treino onde, todos os que tivessem força e vontade, pudessem aprender a manejar armas. Ele sabia que a melhor forma de se defender era atacar antes do inimigo. Se, por um lado, os almorávidas eram bastante mais numerosos e organizados, por outro, os portucalenses tinham dois argumentos de peso a seu favor: o tempo e a vontade de voltarem a ser livres.

Durante meses, D. Afonso reiterou as rotinas: de manhã reunia-se com os conselheiros, o mordomo-mor e o alferes-mor, para dissertarem sobre o estado da nação; à tarde assistia pessoalmente aos treinos marciais dos pupilos e, à noite, recolhia secretamente aos aposentos para arquitectar os seus planos bélicos. Ele tinha de saber quais os terrenos que podia pisar e com quem podia contar. Dentro do castelo havia uma espiral de interesses nefastos, vinda de parte incerta, que ameaçava sabotar-lhe a autoridade. Tinha que se precaver contra possíveis atentados ou insubordinações e, para isso, contava com o apoio de pessoas como D. João Peculiar que se revelara uma figura tão sensata quão amiga e que, por exercer influência junto da igreja, lhe poderia vir a ser muito útil.

– Senhor, chamastes? – inquiriu Paio Guterres, fazendo uma vénia.

Paio Guterres era um cavaleiro franco-portucalense famoso pelo seu empreendedorismo, que viera para o condado com o seu pai, um dos braços direitos do falecido conde D. Henrique. Afonso acreditava nele, pois a lealdade estava-lhe no sangue. Dificilmente o deixaria ficar mal.

– Sim, chamei. Os meus intentos demandam os vossos serviços. Esta casa não mais será atacada. Não o permitirei. Quando a terra se cobrir de branco, edificaremos defesas a sul.

– Sou, como sabeis, vosso servo. – respondeu honrado o cavaleiro.

– E ora sereis alcaide do castelo que irei erguer.

Afonso referia-se concretamente à terra de Leiria, por esta se situar entre Coimbra e Santarém, que era donde partia a maioria das incursões mouras. A construção de um castelo naquela região serviria não só como protecção, mas também para encurtar as distâncias. Seria uma espécie de posto avançado, caso o nobre cavaleiro planeasse um ataque surpresa. Era o primeiro passo de todo um complexo plano que D. Afonso tinha em mente e que se preparava agora para pôr em marcha. Este plano edificado com passos curtos mas firmes, dados num único sentido, tinha o horizonte como limite. Nada nem ninguém o iria deter.

Enquanto os arquitectos desenhavam a fortificação para os mações construírem, D. Afonso agrupou um exército à sua imagem e aprestou uma expedição rumo à Galiza. O objectivo da viagem estava no segredo dos deuses. Nem mesmo D. João Peculiar, seu amigo e confidente, sabia ao que D. Afonso ia. Na corte, uns diziam que era para ajustar contas com os Trava, a quem não esquecera, enquanto outros opinavam que era simplesmente para azedar o primo imperador.

A verdade é que Afonso partiu resoluto para os condados de Límia e Toronho, ambos governados por familiares dos Trava, em busca de novos feudos e vassalos. O facto de Afonso VII estar permanentemente ocupado com revoltas em Castela e nas Astúrias, deu tempo mais do que suficiente a Afonso Henriques para seduzir o conde de Límia, Rodrigo Peres, para lhe permitir construir um castelo em Celmes, o que era uma afronta grave. Somente os reis tinham poder para tal. Mas Afonso, para provar o quão soberano era, não só o erigiu como, em seguida, o equipou com uma forte guarnição de peões e víveres, suficientes para aguentar um cerco. Com a nova base de operações em pleno território galego, podia doravante atacar os condados limítrofes, nomeadamente Tui, e dizimar os Trava de vez.

Do outro lado da península, quando Afonso VII teve conhecimento da traição, os olhos raiaram-lhe de raiva e as mãos tiritaram de rancor. O imperador fez questão de ir pessoalmente até Celmes, à frente do seu incontável exército, para cercar o castelo, vencer os seus defensores e repor nele os seus fiéis. De tão enraivecido que estava, só se deteve depois de perder a conta dos sôfregos prisioneiros que tomara e de não restar pedra sobre pedra que contasse o que ali se havia passado. Alguém tinha que pagar por tamanha ousadia!

Egas Moniz, que anteriormente dera a sua palavra de honra, estava agora convicto de que somente a sua morte podia reparar os danos por ele causados. Incapaz de beliscar o amor que tinha por D. Afonso Henriques, este preferiu celebrar testamento e dirigir-se até à cidade de Toledo, capital imperial, levando a mulher e os filhos consigo. Com a vergonha da mentira a recair sobre toda a família, apresentaram-se descalços, diante de D. Afonso VII, com o traje de condenados à morte e uma corda ao pescoço. Perante o assombro da corte, Egas prestou-se ao que vinha:

— Sua Alteza, por não cumprir juramento, aqui estou com os meus, disposto a morrer por D. Afonso Henriques.

– Que dizeis? Que motejo é este?! Foi meu primo, esse insurrecto, que acaso vos mandou?! – desconfiou o rei, chamando os conselheiros.

– Não. Esta não é a vontade do vosso primo mas a minha, que apenas vos pede para não ser enterrado por estranhos. – finalizou o aio, cabisbaixo.

Egas trouxera propositadamente um criado seu, a quem incumbira o desgostoso serviço. Ele ficaria responsável pelo luto e pelas exéquias.

O imperador ficou impressionado e sem palavras. Ouvia-se apenas o choro da mulher de Egas que, zelosa pelos filhos, os abraçava a ambos.

Para Afonso VII, a quem a honra valia mais do que a própria vida, estava visto que este homem, pela sua coragem e lealdade, não merecia a injustiça da morte. Ainda que não perdoasse o atrevimento do seu primo, sentia-se obrigado a poupá-lo. Não tinha outra alternativa. Todavia, ainda que sobressaltado com o dramático episódio, exigia que o seu primo se retractasse da afronta, prestando-lhe vassalagem por escrito.

Afonso Henriques, esse, ignorando a intervenção do aio, seguiu à risca os seus planos e percorreu as estradas coimbrãs, para sul, até às terras de Ladeia. Entre os castelos de Soure e de Penela, a Ladeia era uma espécie de limbo, uma fronteira movediça que ora avançava ora recuava, deixando para trás um incessante rasto de intimidação e pilhagem. Era uma espécie de terra de ninguém, onde nenhuma alma estava a salvo.

O combinado era D. Afonso encontrar-se com o cavaleiro templário Gualdim Pais que o aguardava, para juntos levarem a cabo uma ofensiva tão vigorosa que erradicasse de vez o terror instaurado naquelas regiões:

– Aprestámos o fossado, senhor. – recebeu-o o nobre Gualdim, com um sotaque afrancesado – Tudo corre conforme o previsto.

– Excelentes notícias. Chamai Fernão Cativo, com quem conto para as presúrias. – acresceu Afonso, examinando as formações de peões.

Nessa noite, Afonso Henriques não dormiu. Pernoitou ao relento, num dos muitos fossos, pensando em como dividir forças para conquistar. Caberia aos seus homens, os de maior confiança, comandarem em grupos separados os respectivos exércitos para baterem toda a região de lés-a-lés.

O nobre cavaleiro sabia que pisava areias movediças. O castelo de Leiria era praticamente uma ilha, de tão isolado que estava, prestes a ser tragada por um maremoto de inimigos. As suas muralhas que quase claudicaram a um dos recentes ataques de Yusuf, não comportariam outra ofensiva. O emir almorávida enviara dezenas de escorpiões e manganelas de fogo. Cobertos de enxofre, salitre e nafta, as esferas de aço foram lançadas, rasgaram o silêncio e estouraram nas costeiras das paliçadas, vertendo uma lava infernal e incendiando o castelo. Muitos foram os que pereceram.

Para inverter esta situação nas planícies do Mondego, Afonso via-se obrigado a semear as forças que tinha e a contra-atacar, de Condeixa até Ansião, tomando por força as terras e todos os que nelas habitavam. Numa investida breve e curta, mas com uma amplitude virtuosa, os cavaleiros-vilãos ergueram firmes os braços, rodopiaram as espadas e limparam as aldeias, ora vergando, ora escorraçando os opositores. Sem adversários à altura ou necessidade de carnificina, as presúrias serviram então para os portucalenses convencerem os aldeões mais indecisos e reconverter os mosteiros desocupados. Aquele que não tomasse um partido, sofreria as consequentes represálias.

Para dissipar as dúvidas quanto ao seu êxito, Afonso determinou ainda que as terras a sul passassem a ser de quem as conquistasse, independentemente da sua condição social. O nobre cavaleiro sabia que, ao incitar estes assaltos, as milícias populares fariam o trabalho sujo por ele. Não soçobraria alma mourisca num raio de quilómetros e, dentro de alguns meses, todos os caminhos para Santarém estariam livres.

Afonso, que a 4 de Março de 1125 firmara com o seu punho e o de sua mãe o foral de Ponte de Lima, concedia agora sozinho, em Novembro de 1136, o foral a Miranda do Corvo. O seu desígnio era não só o de motivar os fiéis, como também o de repovoar. É com o mesmo propósito que, em 1137, concede foral a Penela e, em 1142, a Leiria. Tornava-se imperativo controlar toda aquela área.

6. O pacto

Na jornada de regresso ao castelo de Coimbra, D. Afonso Henriques teve então conhecimento da humilhação a que Egas se submetera. Repudiando de imediato o gesto do aio, o bravo cavaleiro ficou colérico, esperneando e estrebuchando contra as alvas paredes do paço.

Nem mesmo o calor do sarau, com os merecidos valentes a banquetearem-se com o cervo e pomos regados de vinho, com as donzelas a enfileirarem-se nas almadraquexas de granito para fitarem ao longe os pretendentes, ou a saudável loucura dos truões e bobos da corte, conseguiram amainar o temperamento do nobre cavaleiro. A novena do aio deixara-o cego de ódio, ao ponto de se sentir traído, de se sentir mal-amado, sozinho, repleto de sentimentos impuros que o incitavam a beber e beber. Naquela noite, o que ele mais queria era embriagar a alma, entorpecer o corpo carente e esquecer.

Era um espectáculo deplorável, ver aquele gigante possante e capaz de derribar o homem que fosse, a mancar torpe e a escorregar entre escabelos e mesas, aos trambolhões. D. Gualdim detestava vê--lo assim. Ele sabia o quão perigoso era o Afonso Henriques quando perdia a sobriedade e as estribeiras. Além disso, havia a agravante de ali estar o poderoso conde asturiano D. Gonçalo Pais, a quem Afonso dera guarida, desde que o mesmo fora banido da corte do seu primo. Era um vexame não se portar condignamente na presença deste. Alguns dos convidados começavam já a exibir algum desagrado face à postura do ébrio governante que não parava de resmungar e de zombar dos demais.

Por entre o fumo das achas da lareira e o perpassar dos corpos que dançavam alegremente, assomaram uns olhos curiosos e preocupados. Eram uns olhos da cor do mel que tremeluziam como estrelas distantes, escondidos pelas fartas sobrancelhas que franziam, como que a fingir consternação. Faziam parte de um rosto feminino, redondo e delicado, que contrastava com o vestido delgado e negro, de cetim puro, que se debruava a seus pés.

Quando Afonso a viu e lhe sorriu de esgueira, com desnorte e malícia, foi como se pétalas de rosas vermelhas lhe descessem pela fronte até ao pescoço, tingindo-lhe as maçãs do rosto. A palidez abandonou-lhe a pele e o coração, titubeante, cadenciou os passos de Afonso, enquanto este se aproximava. Não havia como evitá-lo. O atrevimento do nobre cavaleiro, indiferente ao facto da donzela estar de nojo, deixou os presentes na mesa incrédulos. Embora tocado, Afonso escondeu a rudeza que o caracterizava e agasalhou-se com a pele de um cordeiro. As suas mãos tremiam, senão do frio, de outra coisa. Era como se, ao lado daquela mulher, ficasse mais leve e gracioso, como uma fera que se amansa, ao ponto de se tornar dócil. A frágil aura que dela emanava cativava-o, despertando-lhe um instinto protector.

– D. Châmoa, que desgostosa me pareceis. – balbuciou Afonso, forçando uma postura nobre.

– Em boa hora reparais. Deve ser da cor que trago. – respondeu ela com sarcasmo, enquanto desfraldava o abanico, para esconder o sorriso.

– Confesso que, com o vosso esplendor, não só me turvais a visão, como me tirais as palavras e o fôlego. – acrescentou o nobre cavaleiro, olhando-a olhos nos olhos.

– Não pareceis parco de palavras, mas talvez seja do hidromel. – riu D. Châmoa, com os lábios a tremelicar – Porque não experimentais os arredios do castelo? O ar puro dos jardins far-vos-á respirar melhor.

– Agradeço a sugestão, numa noite destas, de regelo. – ripostou Afonso que achegou os lábios aos ouvidos da donzela, para lhe segredar – E lá esperarei por vós...

Há muito que o jovem Afonso morria de amores por Châmoa, mais experiente do que ele nas artes do amor. Casada desde os dezasseis anos de idade, agora que enviuvara pela segunda vez, surgia a oportunidade de a conhecer melhor. Châmoa, embora mais nova, dispunha da sua cândida figura para seduzir, com mestria, os que mais lhe convinham.

Mais do que simplesmente bela, era uma mulher com personalidade, muitas vezes exageradamente forte e vincada, facto que despertava nas outras donzelas que visitavam a corte um sentimento exasperado de crítica e azedume. Nas suas costas, grande parte destas apelidavam-na maldosamente de loba ou de viúva-alegre mas, de frente, poucas eram as que a enfrentavam. Châmoa era uma mulher que, pelas circunstâncias da vida, se tornara precocemente madura. Com um sentido prático da vida não era de guardar rancor, mas também não tinha pudor em retaliar com as mesmas armas, os mexericos e as difamações.

Afonso sentia-se particularmente atraído por essa sua forma de ser. Cansado de paixonetas esporádicas e cada vez mais concentrado no governo do condado, ele aspirava por um porto de abrigo, uma mulher que o soubesse reconfortar e motivar, que não fosse um mero espelho de aparências, fútil e superficial. Por mais que, às vezes, se sentisse uma marioneta nas mãos desta, tais eram os joguetes de amor e desamor entre ambos, ele asseverava que Châmoa era a mulher certa, a que reunia todas as qualidades. A delicadeza da sua figura contrastava com a rispidez dos seus actos e palavras, tornando-a imprevisível e interessante, um enigma.

– Aqui! – ouviu-se uma voz abafada pelos arbustos.

No canto noroeste do jardim do castelo havia umas sebes densas e altas, podadas geometricamente em rectângulos de vários tamanhos, onde os mais pequenos se encaixavam nos maiores, formando uma espiral. Era uma espécie de labirinto, onde dois corpos se podiam perder, distantes dos olhares alheios, e renderem-se ao amor carnal.

– Para onde me levais? – indagou Châmoa, fingindo-se perplexa.

– Para uma noite inesquecível. – serenou-a Afonso.

Naquela noite, o luar que lhes iluminava os rostos e as silhuetas foi a sua única testemunha. Apressados, os dois desnudaram-se, um ajudando o outro, e depois entrelaçaram-se, para se aquecerem do orvalho. Com a terra húmida a servir de leito, os seus corpos rebolaram e espreguiçaram, com toques e carícias que lhes alimentavam a carne carente. Amaram-se durante horas, famintos e arrebatados, como se fosse a primeira vez, como se não houvesse amanhã. E quando se apartaram, extenuados, já a noite estava mais amena. Nenhum dos dois voltou a sentir o frio.

– É bom estar convosco, nestes raros momentos – disse Châmoa, deitada, viajando entre as estrelas – Não me arrependo de nada, mas sei que não me pertenceis.

– Que dizeis, mulher?! – inquietou-se Afonso que lhe pegou na mão e a colocou sobre o seu peito – É aqui dentro, que vos guardo com calor.

– Eu sei. Mas também sei que tendes um reino, um destino, uma nobre missão a cumprir. Está escrito neste firmamento. O condado

sem vós não é nada, é como a areia do deserto sem água. É a ele que aí deveis guardar.

– Nos meus sonhos, em breve serei grande. Cavalgarei Al-Gharb adentro, com o florão de Portucale erguido, para os deuses o verem das nuvens. E então, os discípulos de Cristo provar-me-ão rei.

– Quando isso acontecer, lá estarei a um canto, sorrindo. – abraçou-o Châmoa, beijando-o com fulgor, como se estivesse a despedir-se.

Ela entendia que esta paixão era efémera e instável, como o casulo de uma crisálida. Na manhã seguinte, o afável amante transformar-se-ia no laborioso comandante e guerreiro, a que todos estavam habituados, para prosseguir com os seus inabaláveis planos.

Por mais inebriado que estivesse, não conseguia esquecer os fatídicos episódios de Celmes e de Egas. Precisava de conversar com D. Gonçalo Pais para, juntos, resolverem o que lhe inquietava a alma. A sul, a situação estava aparentemente orientada. Paio Guterres tomava conta de Leiria, Fernão Cativo das terras de ninguém e Gualdim ficara encarregue de preparar um fossado em terras de Tomar. D. Afonso podia partir, mais descansado, rumo a norte.

Com os homens que o conde asturiano lhe providenciara para fortalecer o seu exército, Afonso regressou à Galiza e entrou em Tui de forma escabrosa, para prevalecer. Os soldados portucalenses romperam em alarido as defesas da cidade e, durante horas a fio, disseminaram o terror. Foi uma forma indiscreta de chamar as atenções de Fernão de Trava e do seu aliado Rodrigo Veilaz, conde de Sárria que, com outros nobres galegos, prontamente acorreram ao local. Naquela mesma semana, os dois exércitos encontraram-se em Cerneja, onde travaram uma fulminante batalha.

Afonso Henriques chegou a cavalo, de pulmões e coração cheios, para exibir aos olhos galegos a destreza com que combatia. Se em São Mamede se sentira enleado, agora o seu sentimento era completamente diferente. Não lhe chegariam cem moios de sangue para saciar a sede de vingança. No campo de batalha, o gigante batalhador rugia como um indómito leão, em cada estocada que desferia, rasgando em pedaços os corpos que se lhe afiguravam. Os próprios soldados portucalenses estavam atarantados pela ligeireza com que o caudilho se movimentava. Parecia que, quanto mais ele combatia, mais ágil e possante ficava. O seu rosto, exibindo um pérfido sorriso, cobrira-se de salpicos, nas últimas súplicas dos seus inimigos. Tornavam-no invencível. E o Trava, impotente perante tamanha fereza, acobardou-se em retirada, deixando Veilaz ser capturado.

D. Afonso VII, ao saber do sucedido, perdeu a paciência que lhe restava. Mesmo estando em Palência, a mais de trezentos quilómetros de distância de Tui, decidiu marchar de dia e de noite, para chegar em apenas três dias, sem embargos ou embaraços. O seu primo devia-lhe satisfações e estava na altura de cobrá-las. Sem demais delongas, o imperador chamou até si o Bispo de Tui e exigiu-lhe que organizasse um encontro entre ambos na Catedral de Santa Maria. Adiantou-lhe que não almejava a guerra, contanto que o primo lhe respeitasse a supremacia, guardasse lealdade e jurasse auxiliá-lo no caso de ser atacado por algum inimigo. Era tudo o que lhe demandava.

Afonso Henriques não tinha como contornar a situação. No fundo sabia que por mais ousado que fosse, seria incapaz de fazer frente ao poderio bélico de Leão e Castela. Ao não assentir ao proposto, estaria a transformar a teimosia em estupidez. Além disso, as notícias que corriam de sul não eram as mais animadoras: o tenebroso emir Ali Yusuf, também conhecido por Rei Esmar, havia dizimado o fossado de Tomar, atacado Leiria e ora ameaçava entrar em Coimbra. Urgia que o nobre cavaleiro partisse para acudir aos maltratados fidalgos. Embora lhe custasse retroceder, era a sul que estava o verdadeiro inimigo.

Por isso, a 4 de Junho de 1137, ombreado por D. Paio Mendes e D. João Peculiar, D. Afonso Henriques ajoelhou-se pela primeira vez na sua vida e assinou o pacto de tréguas. A ocasião foi comemorada com pompa e circunstância, enquanto os primos ceavam e recordavam, por entre escárnios e gargalhadas, as peripécias da infância. Reza a lenda que, na mesma noite, enfastiado pela submissão, D. Afonso Henriques adormeceu febril.

7. A premonição

Na manhã seguinte, ainda frágil e atordoado, D. Afonso Henriques pediu a D. João Peculiar que viajasse com ele, rumo a Leiria, para se certificarem dos estragos. Insistiu que partissem o quanto antes, mesmo enfermo, ao que o bispo concordou, desde que parassem sempre que o seu estado de saúde piorasse. João Peculiar sabia que de nada lhe valeria opor-se à sua teimosia. O melhor seria zelar por ele.

Por isso, sem tempo a perder, deixaram Tui, abasteceram-se de água e víveres em Refojos do Lima, escoltaram D. Paio Mendes à Sé de Braga e pernoitaram em terras de Santa Maria, no castelo da Feira. D. Afonso não mostrou sinais de fraqueza e resistiu ao périplo mas, quando chegaram, o choque foi tremendo. Ninguém na comitiva estava preparado para o que os olhos enxergaram.

Do cimo de um rochedo sobranceiro, D. Afonso ergueu-se para o céu que incandescia de carmim, como sangue derramado no fogo, e verteu lágrimas de angústia. Diante dele, a terra estava vestida de cinza, de queimada e espezinhada que fora, como os corpos e armaduras que, inertes, se espalhavam em torno de um pequeno amontoado de lajes e pedras onde, outrora, existira um castelo. Era uma paisagem desoladora, de onde soprava um vento de morte que arrepiava a pele dos cavaleiros, de tão devastadora que fora a crueldade do inimigo.

Normalmente, nestes ataques, os almorávidas não guardavam misericórdia. Mesmo os homens mais humildes, camponeses armados com bocados de madeira, picaretas ou simples facas, eram impiedosamente mortos. Os mouros saqueavam as casas dos arrabaldes, à procura de mulheres escondidas para desonrarem e, depois, simplesmente incendiavam tudo. As mulheres eram rudemente arrastadas, desnudadas e passeadas como troféus, para gáudio do inimigo, antes de serem assassinadas. Alguns dos almorávidas tinham a sorte de achar ouro ou prata, enquanto outros, em busca das mesmas riquezas, encontravam antes cerveja, cidra ou vinho, que bebiam desalmadamente, para perpetrarem os excessos sem remorso.

Quanto aos poucos sobreviventes, como Paio Guterres, esses foram capturados pelo impiedoso Yusuf que, a troco de misericórdia, exigia agora cem maravedis por cabeça. Caso D. Afonso Henriques não pagasse o resgate, os reféns seriam torturados, até apodrecerem nas bafientas masmorras de Santarém.

– Deus tenha piedade das suas almas. – murmurou D. João Peculiar.

– O gume da minha espada vingá-los-á! – gritou D. Afonso, fazendo a sua voz ecoar pelos vales e riachos.

Agora, mais do que nunca, ansiava pelo dia em que Yusuf se cruzasse com ele. Com este rude golpe, o rei almorávida deixara de ser apenas mais um adversário, entre outros, para se tornar numa obsessão. D. Afonso queria defrontá-lo e derrotá-lo, para provar a toda a península, de uma vez por todas, qual era o guerreiro mais hábil e valente. Quando o dia chegasse, ele servir-lhe-ia a vingança fria, como o aço da sua espada.

– Paciência, senhor. – serenou-o D. Peculiar, pondo-lhe a mão no ombro – Não vos exalteis, que a saúde vos agrava. Precisais de descansar.

Apesar de inconformado, D. Afonso Henriques reuniu um grupo de batedores, passou a pente fino os arrabaldes das ruínas e acatou o conselho amigo. Ao menos, em Coimbra, sabia que tinha o aconchego de D. Châmoa para amparar-lhe a amargura. Durante parte do caminho pensou, saudoso para consigo, que isso era tudo o que precisava para recuperar depressa. Não podia imaginar as novidades que o aguardavam.

Na vontade de rever a amante, Afonso encomendou o mordomo--mor de aprontar um faustoso banquete, com tudo o que era digno de um rei, sob o conveniente pretexto de, em breve, encetar uma longa viagem. O cavaleiro queria despedir-se das terras e dos homens do Mondego, a quem D. João Peculiar aproveitou para exortar com orações.

– Bem haja, D. Châmoa. – recebeu-a Afonso, beijando-lhe a mão – A incerteza da vossa demora desassossegou-me.

– Tinha que vir. – respondeu friamente a donzela – Precisamos de falar a sós.

– Convosco o tempo passado a dois é sempre um prazer. – tratou ele, que estendeu os braços e lhe abriu passagem a uma sala contígua ao salão de cerimónias.

Embora o caso amoroso já fosse do conhecimento da maioria dos convidados que ali estavam, a discrição estava-lhes na maneira de ser. D. Châmoa que, com tiques e trejeitos impróprios de uma donzela, não parava de se compor, parecia estranhamente inquieta, olhando ora para um lado ora para o outro, como se tivesse algo a esconder.

– Aqui estaremos mais à vontade. – avançou D. Afonso, esperando que ela se sentasse.

– Senhor, estou prenhe.

Com aquelas palavras, naquele tom seco e abrupto, a minúscula e recôndita sala encheu-se de um inesperado e incómodo silêncio. O nobre cavaleiro não sabia o que dizer. Os olhos de Châmoa percorreram-lhe o rosto, à procura de gestos ou palavras, mas as suas feições estavam enregeladas e inexpressivas, sem respostas ou reacções.

– Mas... – hesitou D. Afonso, levando as mãos à cabeça – ... é meu?

– Claro que sim! – repulsou-o a donzela, levantando-se de imediato, para demonstrar a sua indignação – Chamar-se-á Afonso, como o pai.

D. Afonso Henriques continuava atarantado com a realidade que o enfrentava. Sentia-se impotente, perante um turbilhão de sentimentos que o invadiam, deixando-lhe o corpo dormente. Era como se uma corja de sarracenos o tivesse assaltado e espancado, deixando-o moribundo, sem ninguém para o socorrer. Ele, que tomara por filhos todos os portucalenses, tinha agora este rebento que era realmente seu.

Ao vê-lo assim, incrédulo e curioso, D. Châmoa acariciou o ventre, sorriu e pegou na mão do amante, convidando-o a tocá-la. Queria que ele sentisse aquele pulsar, aquela vida, que era de ambos e que nela agora habitava.

– Está agitado. – notou melindrado – Será como o pai.

– Sei que ides em jornada. – D. Châmoa acariciou-lhe os cabelos – Tomai esta dádiva, de mim, para vos dar fortuna. E voltai são e salvo.

A donzela pegou num pano de linho e destapou um leão de oiro que ofertou a D. Afonso para este levar. Era assim que ela o via.

Sem surpresas, na semana seguinte, D. Afonso acerou o escudo que muitos já contavam ter poderes, aprumou a armadura e escolheu o melhor puro-sangue que acolhia nos estábulos. Ia rumar a sul, até às profundezas do inóspito e perigoso terreno do inimigo, para lhes fazer provar o fel da retaliação. Os informadores, que sabiamente

introduzira na corte do seu primo, actualizavam-no quanto ao pro-
longado cerco que se mantinha em Oreja e que entretinha as hostes
almorávidas, deixando-lhe o caminho aberto.

Para aproveitar a ocasião que D. Afonso VII lhe proporcionara,
com o maior exército que alguma vez havia reunido, mas que ainda
assim eram uma gota no oceano comparativamente às forças sar-
racenas, D. Afonso Henriques atravessou o rio Tejo, pela margem
leste de Santarém para evitar o confronto com este torrão defensivo,
acercou-se de Montemor-o-Novo e seguiu para Beja, entrando corajosamente pelo Al-Gharb adentro, até onde nunca outro portucalense havia ido. Percorreu centenas de quilómetros, com uma audaz
frente de ataque que macerou e pilhou todas as aldeias mouriscas
entre Alcácer do Sal e Évora.

Depois de rasgarem o reino almorávida ao meio, chegaram às
terras de Castro Verde, longe de casa e dos seus, completamente
exaustos com o calor abrasador e os incontáveis despojos que car-
regavam. Por esta razão, ao cair da noite, D. Afonso Henriques
decidiu montar acampamento por perto, nos descampados de
Ourique, e conceder uma noite de tréguas para os homens beberem
e folgarem. Ele próprio estava abatido e precisava de se recompor.
A viagem de regresso ia ser longa e penosa. Além disso, no decurso
da jornada, D. Afonso Henriques capturara alguns distintos moçárabes que tencionava interrogar na manhã seguinte, para deles
obter as mais preciosas informações, quer da possível localização de
Yusuf quer dos desaguisados entre as diferentes taifas mouras que,
fraquejadas, podiam beneficiá-lo. Convinha-lhe estar robusto, para
assim ser mais persuasivo.

– A paz de Deus esteja convosco. – despediu-se D. Afonso, antes
de recolher à sua tenda.

D. Afonso acendeu uma vela de companhia, despiu a armadura
e apartou as peles que lhe serviam de agasalho. A noite amena con-
vidava a maioria dos soldados a dormir ao relento. Depois de se aco-
modar, benzeu-se e rezou ao Senhor, como era hábito fazer, pedindo-
-lhe que não o deixasse fraquejar nesta guerra santa. Aos poucos, de
tanto olhar para aquela pequena chama, as pestanas começaram-lhe a
tremelicar e as pálpebras ficaram-lhe pesadas como chumbo, prestes
a ceder ao cansaço.

Foi neste estado de torpor que sentiu uma brisa estranhamente gélida a entrar pela tenda e a enregelar-lhe os pés, portando consigo um intenso odor a enxofre. Era como se a morte o estivesse a visitar. A lua eclipsou-se na neblina e o silêncio tomou conta da noite, emudecendo os mochos e as cigarras.

Assim que se soergueu, um clarão irrompeu diante dele, ofuscando-o. Bastaram alguns segundos para uma coluna de fumo negro e denso rarefazer de tal forma o ar, ao ponto de o sufocar. A tenda estava a arder e o calor que dela emanava lembrava o inferno. Atormentado, pegou na capa, ensopou-a em água e, cobrindo-se com esta, tentou atravessar as labaredas que, cá fora, criavam autênticas muralhas de fogo. Um pouco por todo o acampamento, as tendas, os homens e os cavalos ardiam como se a terra tivesse sido revolvida das entranhas para os engolir com línguas de fogo.

Apanhados desprevenidos e aprisionados por um redemoinho de archotes e tochas, que os cavaleiros almorávidas lançavam a galope, os portucalenses ainda tentaram ripostar mas foi em vão. Um a um, todos se foram rendendo ao trágico destino, como mártires imolados.

Por entre os corpos carbonizados e as expressões de sofrimento, os almorávidas pegaram em D. Afonso e arrastaram-no a trote, até à margem de um riacho, para lhe apagarem os fogachos do corpo. O guerreiro estava muito mal tratado mas, afortunadamente, havia escapado com vida. Tinha a visão turvada, quase cega, e os membros, de tão abrasados que estavam, fumegavam sob as roupas que envergava.

– Tendes a certeza que é este, o rei dos portucalenses? – vociferou uma voz grave, antes de desmontar do cavalo – Que miserável me parece.

– Pensava-o um adversário mais valente. – acrescentou outra voz.

A muito custo, D. Afonso ergueu o queixo e contou cinco vultos, todos juntos, a cercarem-no. Mesmo sem enxergar direito, conseguiu descortinar os imperiosos semblantes daquelas personagens. Tratava-se dos cinco reis mouros, desavindos dos governos de Silves até Badajoz e de Évora até Santarém. O governador de Córdova e Granada, Ali Yusuf, estava no centro. Empunhava na mão direita o sabre e na mão esquerda, a da ingratidão, um saco com trinta dinheiros como os que Judas recebeu quando atraiçoou Jesus Cristo.

Yusuf soltou uma gargalhada desdenhosa, sacudiu os longos cabelos do ombro e, com um gesto de comando, o grupo de almorávidas que circundavam D. Afonso agarraram-no em simultâneo pelos pulsos e tornozelos, deixando-o imóvel. Em seguida, o emir atirou o saco com os dinheiros para o chão, calçou a luva na mão vaga e atiçou a lâmina do sabre num fogaréu até a ponta ficar em brasa.

– Agora verei o quão valente és. – zombou Yusuf, aproximando-se para lhe exibir a incandescente lâmina que empunhava – Far-te-ei cinco chagas de dor, como as do Cristo que idolatras.

Com estas palavras, o emir abaixou o sabre e tostou-lhe as palmas da mão. D. Afonso estrebuchou com tal agonia que ficou sem forças para se soltar. Em delírio, este revirou os olhos e sentiu uma luz morna a descer do céu e a cobri-lo, até lhe adormecer os sentidos. Lentamente, a dor que sentia foi-se extinguindo e, do feixe de luz, desceu um anjo que anunciou: *In hoc signo vinces* – Com este sinal, vencerás!

Foi então que, trémulo e exsudado, D. Afonso acordou do pesadelo.

O sonho foi tão real que, mesmo depois de acordado, D. Afonso ainda levou algum tempo até se aperceber onde estava, até ter consciência que nunca deixara a sua tenda. Tinha as pernas acabrunhadas, com cãibras que o impediam de se soerguer, e o rosto a escorrer suores frios dos cabelos ensopados. Ainda assim, vestiu-se apressado e saiu da tenda, para acordar os homens, sem que o sol tivesse nascido. Fez questão de os reunir para lhes contar o pesadelo que o atormentara. Para ele, ainda estremunhado, este sonho era um aviso divino, uma premonição. Ainda tremia, só de o recordar.

Quando os primeiros raios de sol despontaram, o acampamento estava sinistramente sossegado, como um oceano antes de um maremoto. A manhã estava tão quente que, à mínima brisa vinda do norte, as nuvens altas esvoaçavam sobre a planície e as ervas da várzea baldia ondulavam fugidias. Por entre o tojo, ciciaram passos prudentes que, dos sobreiros e azinheiras, desmascaravam a presença de visitantes estranhos que se arrastavam nas suas longas túnicas coloridas, dispersas pela seara, deixando à vista nua somente os turbantes que traziam na cabeça. Pé ante pé, sem serem convidados, os sisudos rostos foram espreitando o acampamento, preparando-se para neutralizarem quem estivesse de atalaia, mas não encontraram vivalma.

Incautos, os portucalenses deviam estar a sonhar o reencontro com as respectivas famílias.

Aquele inóspito bando que serpenteava pelas imediações como cobras-rateiras, primeiro contornou o acampamento e, depois de se certificarem que o caminho estava livre, fizeram sinal, chamando até si o pelotão escondido. Das estepes, juntaram-se-lhes guerreiros armados com bestas, azagaias e arcos, que correram como setas lançadas, com urros e bramidos de guerra. À primeira tenda que avistavam, lançavam-se a ela com cólera, esburacando-a e rasgando-a, sem dó nem piedade. Num vaivém buliçoso, as dezenas de lanças mouras perfuravam o couro, à procura de corpos e vítimas. Mas, nas centenas de estocadas e golpes que desferiam, as pontas afiadas regressavam sempre limpas, sem rasto de sangue ou de restos mortais. Era como se ninguém habitasse nas tendas.

Ainda houve uma pausa, enquanto os espadeiros e arqueiros se olhavam incrédulos mas, com a chegada dos cavaleiros, a gritaria recomeçou: «Ao ataque! Ao ataque!»

A planície encheu-se de tantos almorávidas, a empunharem tochas e archotes para purgarem o adversário, que mais parecia assolada por um bando de estorninhos. À investida dos cavaleiros mouros, emparelhados em fileiras de dúzias, voaram então as primeiras setas, num entrecruzar de penas brancas, que caíam às saídas das tendas para certificar-se de que os portucalenses, ao espreitarem, seriam imediatamente alvejados. De rompante, seguiu-se-lhes outra onda de soldados que, desta feita, vinham carregados não de adagas ou alfanges, mas de porretes e podões afiados. Todavia, nenhum dos invasores encontrava sinais de oposição. Era como se aquela planície se tivesse tornado num inesperado deserto. Com o ataque-surpresa a não surtir qualquer efeito, o encorajamento dos almorávidas foi desvanecendo e estes quedaram-se perplexos.

De repente, sem que nada o fizesse prever, dos arbustos e das sarças mais próximas contra-atacaram os primeiros peões portucalenses, munidos de clavas, maças e manguais. Atrás deles, acorreram os besteiros de Tondela que, alinhavados, dispararam uma saraivada de virotes altos e afiados que se afocinharam mortalmente sobre as costas dos mouros.

De rompante, as linhas recuadas do inimigo foram desbaratadas, com os cavaleiros de D. Afonso Henriques a surgirem das alas, sacando as espadas e os machados, enquanto os seus arqueiros desimpediam o caminho, alvejando com propósito os corcéis dos mouros. Os soldados portucalenses espetaram as lanças, esbateram as espadas e malharam com as clavas até terem a certeza que os arqueiros de última fila estavam mortos. Os virotes que saíam pujantes das bestas ora se lhes encravavam nos troncos, com os almorávidas a estrebucharem em miados agudos, ora se lhes trespassavam os rostos, com as turbas a sarapintarem de sangue.

Os besteiros de Tondela eram tão exímios de pontaria que, depois de mirarem, era raro o inimigo que não tombava prostrado. Logo em seguida outro pelotão arrancou de norte, coberto pelos arqueiros, para ocupar o lugar dos que haviam tombado. O confronto assumia-se sangrento com D. Afonso, que planeara tudo até ao mais ínfimo detalhe, a atacar com mais cavaleiros-vilãos de sul, onde estava Ali Yusuf. No dia de 25 de Julho de 1139, dia de São Tiago, o mata-mouros, esta santa batalha de Ourique era uma prova de fogo para D. Afonso Henriques.

Por entre as labaredas do fogo posto, o caos instalou-se com gritos ora de raiva, aquando dos golpes arrostados, ora de dor, pelas incisões e lanhos sofridos. Era um aglomerado de braços e pernas, que se agitavam e contorciam, num turbilhão de carne, madeira e metal que ressoava e ribombava como sinos de igrejas catapultadas. Os almorávidas que, ao serem surpreendidos pela espera dos portucalenses, provavam do próprio veneno, apalermaram com a coragem e a bravura do adversário. Os portucalenses preferiam morrer a serem derrotados.

Naquela balbúrdia, um dos almorávidas ainda trepou o dorso do cavalo de D. Afonso para tentar apunhalá-lo, mas um dos besteiros atingiu-o com um virote no rosto que o arremessou da sela, ao mesmo tempo que um jorro de sangue aspergiu as patas traseiras do quadrúpede. Com um único golpe o virote arraigou-se-lhe na cana do nariz e atravessou-lhe o crânio, deixando-o morto e com uma expressão ofendida. Em simultâneo, um dos cavaleiros almorávidas veio a galope veloz e, com o sabre abaixado, num só gesto, degolou o besteiro que caiu hirto, de joelhos. Assim feito, um esguicho de sangue espirrou-lhe do pescoço para a cota de malha de um peão portucalense que, agarrado por três mouros, tentava soltar a espada encravada no solo. Foi graças a D. Afonso que ao passar sem baixar a cabeça, para não perder a noção donde estava, golpeou um desses mouros primeiro no ombro e depois no tronco, pontapeando-o, que o peão arrancou por fim a espada, rasteirou um dos mouros e enfiou a lâmina por entre as costelas do outro, o que lhe deu tempo para terminar com um golpe a eito, bem de cima e na vertical.

Concentrado, D. Afonso prosseguiu sem compaixão, com uma espada em ambas as mãos, cada uma mais destra que a outra, ora para atacar ora para se defender. Era assim que faziam os grandes guerreiros e ele, que combatia como o leão que Châmoa lhe oferecera, não se inibia de investir o seu possante e enorme corpo que, montado, não parava de rodopiar e de se equilibrar, face ao acervo de mouros que, por todos os meios, tentavam derrubá-lo do cavalo.

No outro flanco do acampamento, onde em poucos minutos os corpos vitimados já se começavam a amontoar, os monges-guerreiros e os cavaleiros-vilãos atormentavam e trucidavam os arqueiros mouros que, neutralizados, ora se ajoelhavam a pedir misericórdia, ora atiravam o arco para o chão e fugiam da campina a sete pés.

Em resposta, rancorosos, os lanceiros almorávidas trespassavam os costados dos cavalos lusos, fazendo-os afocinhar desorientados no chão onde tudo, desde paus e pedras, até punhais e espadas acravadas nos corpos, estavam à mão de semear e serviam para lutar. Naquele domínio, a demora de um segundo significava a diferença entre a vida e a morte.

Os almorávidas estavam bem apetrechados e, em número, eram três vezes superiores aos portucalenses que, não obstante, pelejavam sem pudor, regras ou condutas, de transformados que estavam em assassinos, em máquinas de matar. Muitos eram os que, mesmo às portas da morte, rastejavam até ao inimigo e lhe desferiam um derradeiro golpe nas coxas.

Foi então que, naquele mar de gente, D. Afonso avistou Ali Yusuf, de quem se acercou a trote, enquanto esgrimia, para se fazer notar.

Traiçoeiramente, o neto de Yusuf, Omar Atagor, aproximou-se por trás e agrediu D. Afonso com uma clava em cheio nas costas, atirando-o para o chão. De cócoras, deixou que Atagor se aproximasse e, com um golpe certeiro, extirpou as patas traseiras do animal, obrigando o mouro a mergulhar.

Com Yusuf a cavalgar em círculos, para o apanhar em desfavor, D. Afonso primeiro desarmou Omar Atagor e depois lançou-se furioso sobre a cintura deste, enterrando-lhe a cabeça na terra. Sem lhe permitir respirar para que este fraquejasse, pontapeou-lhe o peito e o estômago e terminou numa valente pancada com o botão de punho da espada na nuca, deixando-o inanimado.

Se Atagor não estava à sua altura, com Yusuf a história era bem diferente. Assim que viu o neto a desmaiar, o emir desceu do cavalo, emproou o peito e avançou, rosnando como um coiote, enquanto desembainhava o sabre. Com a túnica a pender do corpo e a esvoaçar rente ao solo, sem lhe tocar, transmitia a sensação que vinha a flutuar, leve e ágil, a cada passo que dava. Era como um gigante sem peso, prestes a embater contra D. Afonso, numa autêntica luta de titãs.

– Yusuf, chegou a tua hora! – gritou-lhe, apontando a espada.

Assim que o disse, o emir almorávida recaiu sobre ele com toda a força que tinha, lascando-lhe o escudo como se este fosse de manteiga. A magia deste, se existisse, de nada lhe serviria perante a feridade do mouro. Com o impacto, D. Afonso recuou vários metros e montou guarda, ora a esquivar-se dos sucessivos golpes de Yusuf que zuniam no vento como corvos, ora a contrariá-los com o aço da sua espada. Empolgados, os dois mediam forças num adejo de chispas e faúlhas, do ferro contra o ferro. Separados pelas suas armas, num corpo a corpo de intimidação, nenhum desviava o olhar do outro. O que Yusuf tinha em destreza, D. Afonso replicava com força bruta. Este apenas precisava de uma aberta para o desarmar e prosseguir numa luta corpo a corpo. Dessa forma, vencê-lo-ia.

Para consegui-lo, D. Afonso pegou num punhado de terra e atirou-a aos olhos do inimigo que, por momentos, ficou cego e enraivecido:

– Maldito! Far-te-ei comer o pó que me levantas!

Numa primeira tentativa, a espada de D. Afonso foi-se emaranhar nas vestes do almorávida que a retiveram, como se de um escudo se tratasse. O emir não parava de esfregar a vista e praguejar, tentando manter alguma distância, ainda que soubesse que o seu fim estava próximo. À segunda, todavia, D. Afonso não contemplou e perfurou-lhe a anca de um lado ao outro. Yusuf bradou aos céus e contorceu-se como um inválido. Então D. Afonso Henriques

prosseguiu. Sem espada, agarrou-o pelos cabelos e pelo queixo, levantou-o no ar e arremessou-o para longe como se fosse um alforge.

– Vai e leva os teus! – exclamou esbaforido o guerreiro portuca-lense – Dizei-lhes que foi aqui que D. Afonso te venceu.

– Valha-nos Alá! – lamuriou o derrotado Yusuf que abalou de gatas para o cavalo, deixando Omar Atagor para trás.

Agora que o pânico se apossara da sua alma, via-se o quão pequeno e vil era Yusuf. No chão, os corpos dos almorávidas eram tantos que, ao escalá-los, o emir ia-se emaranhando, em tropeços de braços e pernas.

Muitos eram os que, feridos e a serem calcados, ainda gemiam e se agarravam a ele, pedindo-lhe auxílio. Este respondia-lhes com socos e pontapés, para se desenvencilhar rapidamente, aterrorizado.

– Recuem! – gritou o desorientado Yusuf do seu corcel – Recuem!

Os restantes almorávidas puseram-se então em fuga, perseguidos por azagaias e virotes, com alguns ainda a tombar pelo caminho, no longínquo horizonte. Perante este cenário, os defensores portucalenses soltaram urras de triunfo, enquanto D. Afonso se ajoelhava solenemente para agradecer a Deus. A sua vitória foi retumbante.

Se ainda havia dúvidas quanto ao valor do nobre guerreiro, estas dissiparam-se nessa gloriosa manhã, que testemunhou o temível emir almorávida a receber provas de que não estava à altura do adversário portucalense.

Com vários portucalenses gravemente feridos e outros mutilados, os escudeiros sepultaram os cadáveres, alguns monges-guerreiros prestaram cuidados e os cavaleiros algemaram os derrotados, entre os quais Atagor. Depois de contarem os despojos conquistados, os poucos sobreviventes recorreram às últimas forças que lhes soçobravam para empreenderem a viagem de regresso até Coimbra.

Quanto a Yusuf que fora profundamente humilhado, viria a morrer mais tarde, em 1143, levando para o túmulo a primazia dos almorávidas.

8. O reencontro

Emocionados e esperançosos com a notícia da grande vitória de D. Afonso no Além-Tejo, milhares de portucalenses acorreram ao alcácer de Coimbra para, à chegada da comitiva, rejubilarem com imensa gratidão. Derreados, os guerreiros traziam algumas dezenas de prisioneiros e um espólio de centenas de quilos para, com ele, enriquecerem o condado.

– Viva! Viva o rei D. Afonso! – gritou entusiasmada a multidão.

O povo, saudoso e orgulhoso, preparara-lhe uma distinta recepção, como nunca antes se vira. Todos queriam ver de perto o homem, o herói, que vergara Yusuf e embaraçara os almorávidas. Para eles, D. Afonso era agora uma lenda viva que faziam questão de ver, tocar e homenagear.

Estavam todos presentes, desde os monges mais arreigados a Deus, que nunca deixavam os claustros dos mosteiros, até às muitas crianças que o fitavam e o imitavam de olhos esbugalhados, idolatrando-o.

Este era o "rei do condado" e dos portucalenses.

D. João Peculiar que recentemente chegara de Roma, exibia com orgulho o palio que havia recebido das mãos do próprio papa e que lhe assegurava os direitos de Braga em concorrência com Compostela. Não trazia a bula, com o manifesto a consagrá-lo rei, mas D. Afonso recebeu a coroação que mais desejava, a do povo.

– Senhor, recebei isto. – disse um menino, saído da multidão, com uma coroa de louros nas mãos – Fomos nós que a fizemos.

À imagem dos antigos imperadores romanos, o agora "rei do povo" desmontou do cavalo e, cambaleante, ajoelhou-se para que o menino o coroasse. Ao assistir a esta cerimónia improvisada, o povo exultou de alegria e alguns nobres acudiram-no, amparando-lhe o corpo afadigado de cair. D. Afonso estava extenuado.

Nas semanas que se seguiram, muitos foram os festejos, menagens e cerimónias solenes, com os escribas a eternizarem o grandioso feito nos anais da História. O próprio D. Afonso, para recordar o dia, ordenou que o armeiro lhe reconstruísse o escudo. Este foi reforjado com uma nova cruz, formada por cinco escudetes que simbolizavam os cinco reinos almorávidas enfrentados. Dentro destes, foram pregados trinta besantes, como os trinta dinheiros do seu pesadelo, para assim reforçarem a estrutura do escudo. O nobre cavaleiro não queria correr o risco deste se voltar a quebrantar.

Assim que se refortaleceu, D. Afonso pediu a D. Gualdim que lhe trouxesse um dos cavaleiros-vilãos de Tomar, a quem o nome desconhecia mas cuja braveza testemunhara nos campos de Ourique, quando lutou a seu lado. Atento e observador, a perícia deste homem não lhe passara despercebida. Embora vilão e degenerado, o "rei do povo" fez questão em recebê-lo na corte, onde lhe recompensou a determinação, convidando-o a treinar-se consigo. O cavaleiro não sabia o que responder. Era uma honra treinar com D. Afonso, a quem nem sequer o olhar ou a palavra alguma vez dirigira. Perplexo, prometeu dar tudo de si para estar à altura.

Durante cerca de um ano e meio, o cavaleiro-vilão de Tomar, cujo nome D. Afonso Henriques dispensou de saber, foi uma presença assídua na praça-de-armas do castelo de Coimbra. Treinaram juntos, a pé e a cavalo, com D. Afonso a aprimorar-lhe o maneio, o apego e as técnicas de embate.

Incitado pela vitória e insaciável por novas conquistas, D. Afonso agrupou um novo exército e viajou por terras de Bouro e de Basto, até ao castelo de Castro Laboreiro. Ao passar pelos povoados, penedas e portelas, foi conquistando territórios e reclamando direitos sobre a população. Houve alguns confrontos com tropas leonesas, tresmalhadas dos pelotões, mas nada deteve D. Afonso de ir penetrando no profundo verde do Gerês.

Cioso dos seus domínios, o imperador da Hispânia não tolerou que o primo lhe capturasse vários apoiantes, entre os quais o conde Ramiro, e ripostou na mesma moeda. Depois das frequentes investidas de parte a parte, a tomarem de leviandade os castelos um do outro e a deixarem os feudos divididos quanto ao senhor a acatar, apenas uma certeza reinava: nenhum dos primos estava a respeitar o pacto de Tui.

Não é pois de estranhar que, na primavera de 1141, o inevitável tenha acontecido. Cada vez mais em desavença, o exército de D. Afonso Henriques encontrou-se frente a frente com o exército de D. Afonso VII, no Vale do Vez. Seria mais tarde lembrado como o recontro de Valdevez.

Para evitar a batalha quase certa, os primos acederam a encontrar-se e renegociar as tréguas. Se, por um lado, o aclamado rei pelos portucalenses estava cada vez mais forte e, de momento, levava larga vantagem no confronto directo, por outro, bastava o imperador reunir as tropas, para lhe complicar a vida.

Com D. João Peculiar a viajar de Braga, para arbitrar o diálogo entre os soberanos, os soldados leoneses estacionaram nas margens do rio e os portucalenses num promontório, não muito longe dali.

– Senhores, evitai o derrame de sangue entre cristãos. – justificou-se o arcebispo, invocando o bom senso dos primos.

Todavia, a partilharem a tenda, de costas voltadas, a sua teimosia fazia-os mandatarem os representantes a aguardarem pelas respostas, em busca de uma solução.

– O grande imperador exige a imediata submissão do seu vassalo e, só então, retirar-se-á congratulado. – transmitiu o emissário leonês.

D. Afonso Henriques olhou para o arcebispo, abanou negativamente a cabeça e, inteligentemente, contrapôs com o seguinte:

– Dizei a meu primo que, para resolver isto a bem, proponho um bafordo. Deixarei que Deus, meu único senhor, decida por nós, mortais.

O bafordo era um torneio medieval entre cavaleiros escolhidos por cada uma das partes, cujo resultado seria aceite por ambas, evitando assim o desnecessário derramamento de sangue entre cristãos.

Influenciado pela presença do arcebispo, o imperador da Hispânia assentiu ao motivo do primo e escolheu o seu melhor cavaleiro. Com os homens-de-armas ansiosos pela proximidade uns dos outros, os tenentes demarcaram o descampado e precaveram a presença dos soberanos. Da parte do imperador coube ao seu irmão bastardo, D. Fernando Furtado, a responsabilidade de defender a honra de Leão e Castela.

Quanto ao "rei" dos portucalenses, sempre com um truque na manga, convocou o cavaleiro-vilão que treinara e deixou que este se encarregasse da vitória. Ele sabia, por experiência própria, que dificilmente algum leonês o conseguiria derrotar.

No terreno, os eleitos cavalgaram em círculos, exercitando-se e, depois de pararem, observaram-se mutuamente durante segundos. Prontos para o embate, os adversários mediram distâncias e arrearam os cavalos, com as lanças de punho erguidas. Num impulso, ambos os quadrúpedes saíram disparados, com as patas a resvalarem no pó e os cavaleiros encolhidos como podiam, para cortarem o vento.

Quando os corcéis se cruzaram, o vilão portucalense desviou-se a tempo da arma de D. Furtado e, em resposta, acertou-lhe em cheio no elmo, arremessando-o combalido para o chão. Bastou uma única passagem para o confronto ficar decidido. De início, o imperador restou boquiaberto com a rapidez de como tudo se passou mas, depois, ao ver o seu irmão caído e humilhado com tal facilidade, vociferou alto e em bom tom:

– Trapaceiros! Trapaceiros!

Com mau perder, D. Afonso VII irritou-se de tal forma que os fiéis de Afonso Henriques aconselharam-no a abdicar da vitória e a fazer as pazes. Estava visto que o imperador jamais aceitaria a derrota ou daria o braço a torcer.

Foi graças à intervenção de D. João Peculiar, que enalteceu o bom senso dos soberanos, que se evitou o confronto eminente e se pouparam muitas vidas. O arcebispo de Braga fê-los ver que, por mais que se odiassem um ao outro, o verdadeiro inimigo deles estava a sul, em Santarém e Lisboa.

De regresso às terras do Mondego, D. Afonso visitou D. Châmoa, para conversarem sobre o futuro. Aquando da sua jornada por Terras de Bouro e de Basto, D. Afonso Henriques ficara a saber que era pai. A criança chamar-se-ia Fernando Afonso e teria, para além do nome, o sangue do rei a correr nas veias. D. Châmoa, essa, parecia algo diferente.

Com um ar agastado e ainda acamada, pelas complicações do parto que tivera, a donzela recebeu D. Afonso de uma forma ríspida e fria. Não lhe esboçou um só sorriso. Estava até distante e indiferente à sua presença. Era como se, com o nascimento daquela criança, tivesse alcançado os seus propósitos e já não precisasse do rei, que se prontificou a doar-lhe um couto e algumas centenas de áureos e maravedis, para assegurar a educação do filho bastardo. Possivelmente, a donzela estava à espera que o rei a pedisse em casamento, mas tal não aconteceu. Embora D. Afonso ainda sentisse algo por ela, o seu reino estava sempre primeiro.

Os seus conselheiros procuravam-lhe uma princesa, uma rainha, para fortalecerem o Reino Portucalense, mas não se estava a revelar uma tarefa fácil. Sem a consagração da igreja, a reconhecê-lo soberano, não havia nenhum rei na Europa que lhe confiasse a filha para

desposar. Para muitos desses monarcas, D. Afonso não passava de um caudilho, um guerreiro bárbaro que chefiava uma tropa de mercenários e vilãos. A sua personalidade também não o ajudava. Embora as donzelas que o viam suspirassem em segredo, pela sua altura invulgar e tez morena, pelos cabelos negros e desgrenhados e o aspecto sensualmente selvagem, a verdade é que, muitas vezes, quando perdia as estribeiras perdia também esse charme e tornava-se grotesco, repelindo-as.

Foi dos contactos que D. João Peculiar efectuou, que surgiu o nome de D. Matilde de Sabóia, filha do conde Amadeu III da Sabóia. Para D. Afonso que completara 37 anos de idade, a prazenteira figura daquela donzela de 21 anos não lhe passou despercebida. Embora não fosse filha de um rei, D. Matilde era sobrinha do Rei de França e o seu pai, vassalo do imperador da Alemanha, um dos mais poderosos de toda a Europa. Com o arranjo deste casamento, D. Afonso não só garantiria um forte apoio além Península Ibérica como ficaria a depender cada vez menos do seu primo. Aproveitando-se dos laços familiares que os condes de Sabóia tinham com os duques de Borgonha, seus antepassados, o rei portucalense encarregou o mordomo-mor da vinda e da estadia dos Sabóia no castelo de Coimbra. Fazia questão de conhecer D. Matilde pessoalmente.

A chegada dos Sabóias foi preparada com zelo e devoção. Nenhum pormenor foi deixado ao acaso. D. Afonso ficou empertigado ao ver todo o castelo enfeitado com flores, frutas e sedas, em exuberantes ornamentos de prata e ouro, que inebriavam os convidados com ostentação e luxúria. A própria donzela foi mimada e apaparicada por aias e consortes, para que nada a desagradasse. Porém, logo nos primeiros dias de estadia, a sua futilidade e mau feitio vieram ao de cima. Por detrás daquela incontestável beleza que cativava os homens qual canto de uma sereia, a frivolidade dos seus gestos e palavras como que arredavam o bom humor do rei que, para disfarçar o incómodo, brindava e voltava a brindar, com um sorriso forçado e um olhar apagado. Possivelmente pensava, enquanto pedia ao conde Amadeu a mão da filha, de como seria mais feliz na companhia de D. Châmoa. D. Matilde não tinha nem o ímpeto nem a chama da amante, que tanto o seduzia e o fazia vibrar, mas era a nubente mais apropriada.

– D. Matilde, que feliz a vossa vinda. – mentiu o rei, entre dentes.

– Gostaria de partilhar o vosso sentimento, mas sinto-me no fim do mundo. – olhou a donzela em redor, com o nariz empinado – Bem sabeis que falei com as melhores famílias de França. É-me estranha a forma como vestis e bebeis.

– Não vos preocupeis. Já privei com o vosso pai. Celebraremos um casamento à altura do vosso orgulho. – retorquiu D. Afonso, tentando não morder a língua.

No caminhar da hora, a curta e insípida conversa não lhe despertou quaisquer sentidos. D. Afonso sentia-se diante de uma mulher estranha e ausente, como que vinda de outro planeta, que não lhe tocava o âmago senão com azedume. Estava decidido a casar com ela, mas para assegurar herdeiros ao trono. Como qualquer outro rei, D. Afonso precisava de um sucessor para o reino.

Fosse como fosse, o rei que não era rei, a não ser dos portucalenses, estava mais preocupado com outros assuntos. Ele sabia o quão urgente e importante era reforçar a linha defensiva, constantemente assolada pelos bandos de sarracenos que partiam de Santarém para estropiar e assaltar os imprudentes. Enquanto se construía o castelo de Germanelo, ao qual deu foral em 1142, D. Afonso começou a planear um ataque mais secreto e cirúrgico, cujo alvo era a cidade independentista. Com a morte de Yusuf, os almorávidas perderam o prestígio que tinham e a guerra entre taifas, reinos muçulmanos, passou a ser uma constante.

Navegando do norte de África, as hordas almóadas instalaram-se no Al-Gharb e em Al-Andaluz e começaram a ganhar-lhes territórios. A vantagem da situação não passou despercebida a D. Afonso que, primeiro, se encarregou de seduzir alguns chefes almorávidas, tais como Ibn Qasi que dominava Mértola e Silves, e Ibn Wasir que dominava Évora e Badajoz, para não se intrometerem no seu caminho.

Quanto ao seu matrimónio, tudo correu como planeado. D. Matilde vestiu-se de branco, pura como uma flor de laranjeira, e subiu até ao altar onde ambos celebraram os votos. D. Afonso parecia triste e cabisbaixo, como que conformado ao infortúnio, à maldição que a mãe lhe lançara, de jamais saber o que era amar. Talvez por isso, já casado mas ainda sem filhos legítimos, D. Afonso tenha continuado a visitar D. Châmoa, em segredo, enquanto assistia ao crescimento do pequeno Fernando Afonso. De certa forma, o rei tentava dar ao filho bastardo o que ele próprio não tivera na infância: um pai presente.

Em Coimbra, D. Matilde confessava a solidão e a amargura que lhe ia na alma. Ciente de que não era amada, a rainha vingava-se nos súbditos e na igreja, fazendo frente aos cónegos e monges, que dela fugiam, como o diabo da cruz. Na maioria das vezes, a sua sobranceira teimosia colidia nos brandos costumes dos portucalenses, que desprezava com petulância. A educação francesa dava-lhe a presunção de ser superior a tudo e a todos.

Não é, pois, de estranhar, que D. Afonso passasse cada vez menos tempo no castelo de Coimbra, apesar deste continuar a ser o seu centro de operações. Foi neste preciso local que, passados vários anos de sucessivas altercações e tumultos, D. Afonso fez como Cristo com os apóstolos: convocou doze dos seus homens, os que achava de maior confiança e sigilo e, através de uma missiva, incumbiu-os de tarefas específicas. Um desses homens foi Mem Ramires que ficou de delinear o melhor trajecto de aproximação ao castelo de Santarém e de averiguar qual a parte da muralha que era mais desprotegida.

Os homens do rei duvidavam do sucesso da missão pois o castelo, de tão apetrechado de soldados e máquinas de guerra, parecia impossível de conquistar. Do lado sul, o caminho era estreito e sinuoso como uma cobra, o que obrigava o invasor a circular em fila indiana, à mercê dos defensores. Do lado este, havia um precipício que abatia à morte certa. As planícies junto ao rio eram áreas pantanosas e movediças que, aquando atravessadas, sugavam os corpos dos viajantes em segundos. Ainda assim, D. Afonso parecia confiante na vitória. Ele sabia que para chegar até Lisboa, primeiro precisava de conquistar Santarém. Ao possuir estas duas cidades, juntamente com a de Coimbra, poderia formar um poderoso triângulo comercial.

Estrategicamente, como quer uma quer outra eram taifas independentes e o rei pagava párias a ambas para que se mantivessem neutras, tudo se parecia congeminar sem grandes entraves. Durante vários anos, isento de quaisquer suspeitas, D. Afonso foi introduzindo homens de confiança e minando o interior das muralhas inimigas. Instável e repleta de cinismo, Santarém tornou-se na maçã que, sob a casca fina e brilhante, começa a apodrecer sem que se note. Tranquilos, estes moçárabes fiéis apenas esperavam pelo momento certo para, sob as ordens do rei, se revoltarem contra os mouros que tanto os discriminavam.

Mais a norte, em terras do imperador, eram frequentes as visitas que o D. João Peculiar fazia para convencer o D. Afonso VII de que, se este concedesse autonomia ao condado portucalense, podia retirar outros proveitos, nomeadamente a motivação dos defensores cristãos face ao avanço almorávida e as tréguas com o primo face aos territórios galegos. Sem hostilidades de parte a parte, e decorridos dois anos desde o baforado em Valdevez, o arcebispo fez com que os primos se voltassem a juntar e, na presença do cardeal Guido de Vico, assinassem o Tratado de Zamora, que consagrava o condado portucalense em reino.

Foi nesse célebre dia, a 5 de Outubro de 1143, que nasceu Portugal.

No caminho de regresso, D. Afonso contou ao arcebispo e amigo o que tinha em mente para Santarém. Ele sabia que, se semeasse agora, daí a alguns anos, colheria os frutos. Por isso, durante todo esse tempo, o rei de Portugal preparou mais nove grupos, de doze guerreiros cada, sem os informar do que iriam atacar. Todo o cuidado era pouco. Inteligentemente, o rei esperou a chegada do rigoroso inverno, altura em que não era habitual fazerem-se fossados e, ao cair da noite, cavalgou com os seus homens até às terras de Santarém. Camuflados pelo silencioso breu, os portugueses atrelaram um monte de cepos, cipós e varas de madeira para, junto às muralhas do castelo, as atarem umas às outras e improvisarem quatro escadas toscas.

Os dez grupos de homens amontoaram-se no torreão oeste onde, segundo Mem Ramires, não havia guardas de vigia e, com uma escada para cada doze homens, escalaram furtivos pela sombra. Fizeram-no tal e qual as lagartixas, deslizando pelas muralhas acima, até abordarem as ameias. Quando aí chegaram, esgueiraram-se por entre os merlões defensivos. Agachados, os cento e vinte homens seguiram pelo adarve e desceram até ao terreiro da mesquita, onde os aguardavam um grupo de cerca de cinquenta moçárabes que, cúmplices, reforçaram o pelotão. Juntos, aniquilaram os sentinelas ensonados e abriram os portões da cidade para um outro exército, mais numeroso e melhor armado, entrar de rompante pela praça-de-armas e tomar a cidade. Apanhados de surpresa e incapazes de ripostar a tempo, os mouros que não foram trucidados, ora levantaram os braços e se renderam, ora pegaram nos bens e fugiram para Lisboa.

Sem percalços e seguindo a missão à risca, na madrugada de 15 de Março de 1147, o recém-nomeado cavaleiro de S. Pedro, D. Afonso Henriques, conquistava Santarém. Do cimo da torre de menagem, o rei ergueu o queixo e sorriu orgulhoso, enquanto sentia uma lufada de ar fresco que corria de sudoeste a agraciar-lhe o rosto.

Os planos de D. Afonso não ficavam por aqui. Ele que fundara Santa Cruz e doara o castelo de Soure aos Templários, há muito tempo que mantinha correspondência com os cruzados, pedindo-lhes ajuda nesta sua guerra santa. O seu ataque a Santarém não havia sido obra do acaso. O rei tinha conhecimento que, dentro de meses, uma frota de 164 navios sairia de Inglaterra rumo a Jerusalém e contava que viessem a ser úteis. Na realidade, antecipando a sua passagem pelo Reino Portucalense, o rei ordenou que D. Pedro Pitões, o bispo do Porto, recebesse pessoalmente os Templários.

Como previsto, os cruzados chegaram ao Porto, encontraram-se com D. Pitões e D. Peculiar e, no dia seguinte, zarparam para sul. Durante onze dias, a frota velejou contra tormentas e tempestades, com o bispo e o arcebispo a bordo a inteirarem os comandantes da vontade de D. Afonso.

Confiante de que os Templários aceitariam a sua proposta, D. Afonso Henriques antecipou-se e arrancou de Coimbra na companhia de um considerável exército. Fosse por terra ou por mar, o importante era que chegassem em simultâneo para impressionarem o inimigo com o elevado número de invasores. De facto, quando os primeiros barcos atracaram no estuário do Tejo, o rei estava a escassos quilómetros do alvo.

Assim que os Templários desembarcaram, os mouros começaram a tocar as sinetas e a fechar os portões da cidade. Era a primeira vez que viam tantos homens de tez alva, olhos claros e cabelos loiros como o sol. Num ápice, os alemães, flamengos, normandos e ingleses encheram a enseada e desceram por uma ladeira, incendiando e dizimando tudo o que encontravam pelo caminho. Esqueceram a disciplina e a serventia a Deus, pelas quais eram famigerados, e atacaram os arrabaldes do castelo, desde Sintra até Almada, onde saquearam templos e, inclusive, mataram cristãos. Encantados pela pequena fortuna que foram achando nas aldeias vizinhas, os cruzados como que tresloucaram, numa autêntica carnificina.

Foi preciso chegar D. Afonso, para restabelecer a ordem e lembrá-los ao que vinham. Depois das tropas acamparem no monte da Graça, o Rei de Portugal encontrou-se com cada um dos representantes das facções estrangeiras. Após vários dias de negociação, chegaram finalmente a um consenso: os cruzados teriam direito primaz sobre todos os saques que quisessem, nomeadamente prisioneiros e os seus resgates; quanto à distribuição do território da cidade, ficaria a cargo de D. Afonso. O pacto era tentador para ambas as partes. Caso a vitória os bafejasse, os cruzados ficariam ricos e D. Afonso teria a cidade com que sempre sonhara.

9. O cerco

Assim, a 1 de Julho, as hostilidades começaram. Com os alemães e os flamengos a oriente, os normandos e ingleses a ocidente, e portugueses a norte, formaram-se três frentes de ataque que, em sintonia, varreram toda a área circundante às muralhas. Com base nas informações que dispunham dos seus espiões, os portugueses descobriram vários celeiros subterrâneos onde os mouros guardavam os mantimentos e guardaram as entradas, cortando o reabastecimento da cidade. À medida que os iam esvaziando, os invasores punham-lhes fogo e destruíam as imediações. Tornava-se imperativo que o cerco não tivesse fugas ou falhas.

Enquanto isso, nos montes mais recuados, os engenheiros construíam elaboradas máquinas de guerra que, em breve, estariam prontas. Os alemães faziam uma torre de ataque com vinte e cinco metros de altura e cobriam-na por inteiro com peles e sebo, para os defensores não conseguirem incinerá-la.

Em franca competição, os anglo-normandos construíram outra torre, ainda maior e mais sólida, para o caso da primeira poder fracassar. Os flamengos, ocuparam-se das armas menos complexas, como os aríetes, as balistas e as catapultas, com os quais pretendiam abrir fissuras e brechas, ou até derrocar as muralhas.

Os sitiados do castelo ainda tentaram, por terra e por mar, avisar as outras taifas do perigo que incorriam mas, quer os cavaleiros portugueses, quer a armada templária, interceptaram os mensageiros atempadamente. O único pedido de socorro que lhes escapou foi dirigido a Ibn Wasir, em Évora, mas o pacto que tinha com D. Afonso remeteu-o ao silêncio e este de nada lhes serviu. Decorrido o primeiro mês, com o cerco copiosamente montado e com os alimentos a escassearem, os portugueses sentiram que era uma questão de tempo até os defensores desalentarem. Para enervá-los ainda mais, os cruzados acoitaram as velas dos barcos e acenderam fogueiras para comerem, beberem e dançarem, como que decididos a não mais partir.

Com os dias a passarem, longos e tormentosos, tanto para os de dentro como para os de fora das muralhas, os assaltos e investidas foram-se sucedendo sem êxito. Assim que a primeira torre de madeira rolou até junto das muralhas, os cruzados subiram aos magotes pelas escadas acima e atiraram-se em voo sobre as ameias. Convictos da vitória, qual não foi o seu espanto quando, do outro lado, se lhes opuseram centenas de mouros que, embora sedentos e esfomeados, ofereciam os corpos como escudos, para impedirem os invasores de entrar.

Mesmo os poucos que por eles passavam, caindo desamparados dos adarves, acabavam imediatamente alvejados por virotes ou flechas, disparados do terreiro. Após horas de um acirrado combate, a torre acabou por sucumbir ao peso dos feridos e dos mortos, desfazendo--se em vigas e tábuas, numa campânula de poeira e pó. Iludidos pelas facilidades em Santarém, só então os portugueses se aperceberam de que Lisboa era diferente, um osso duro de roer. Quando muito, iam ser precisos vários meses até conseguirem conquistá-la.

– Por cada uma que caia, duas outras se erguerão! – disse Glanville, exortando os seus cruzados flamengos.

E com estas palavras, os cruzados começaram a construir um novo par de torres, fortes e gigantes, para se aguentarem nos píncaros dos céus. Foi neste impasse, com os aríetes a ribombarem nas portas, as balistas a arpoarem os torreões e as catapultas a lançarem pedras flamejantes sobre os casebres, que o Verão foi passando, como num jogo de paciência. Com os telhados abraseados e as despensas vazias, muitas eram as casas e as famílias que matavam os cães para terem o que comer.

De dia para dia, os tumultos e a indignação iam crescendo, com os mouros a confrontarem-se entre si. Cá fora, os cruzados iam cavando longos túneis, até ficarem sob as muralhas. Depois, enchiam--nos com carradas de carvão vegetal, salitre e enxofre, pegavam-lhe fogo e provocavam uma tal explosão de calor que dilatava a pedra, fazendo-a quebrar. Era uma forma deles enfraquecerem a amurada que, com as balistas, ficava mais fácil de derrubar.

Finalmente, com a segunda torre, os cruzados conseguiram subir e ultrapassar a defensiva, colhendo os mouros em contra-pé. Houve outros tantos que se esgueiraram pelas fendas da muralha, lutando no interior, e ainda quem entregasse o corpo às seteiras para, entalados, as obstruírem.

Ao verem os cruzados, a pularem da torre às dezenas, os mouros ficaram tão desorientados que abriram os portões para se porem em fuga. Todavia, à saída, enfrentou-os um portucalense, de nome Martim Moniz. Enquanto outros não chegavam, este lançou-se aos fugitivos e fez com que estes hesitassem. Com o valente guerreiro a causar empecilho, os mouros viram então os restantes cavaleiros que lhe vinham em auxílio, e arrependeram-se, recuando. Foi então que Moniz, para impedi-los de fecharem as portas, rastejou atrás deles, enfiou o corpo entre os batentes e esticou as pernas como que hirtas. Os inimigos responderam com açoites de sabres e adagas, que este ia defendendo com o escudo, encovado na terra, como podia. Sozinho perante muitos, o corajoso portucalense deixou que o corpo lhe fosse crivado de lanças e de flechas, para ganhar tempo e os companheiros entrarem. Foi graças a ele que o exército português irrompeu por aquela porta ainda entreaberta. Gravemente ferido, Moniz ainda viu o rei a chegar e a sorrir-lhe comovido e, só depois, fechou os olhos e deixou-se ir.

Ágeis e imparáveis, os cavaleiros portucalenses invadiram o castelo, contornaram o terreiro e subiram pelo monte acima, entre ruelas estreitas e casas térreas, à caça dos oponentes que restavam. O próprio arcebispo, D. Peculiar, pegou na espada e na bandeira da cruz, e cavalgou à frente de um exército de trezentos homens escolhidos, para assegurarem a recolha do espólio. Do cimo da colina, D. Afonso pôde contemplar um êxodo de mouros, cabisbaixos, a abandonarem a cidade.

Era o dia 25 de Outubro de 1147 e foi um sábado de glória.

Embalado pela vitória, D. Afonso subjugou facilmente Sintra, a norte, e Almada e Palmela, a sul.

Nesse mesmo ano, conquistou uma vila de arraia-miúda encovada no nada onde, mais tarde, nasceria o majestoso convento de Mafra. Insaciável, o rei olhou sobre o Tejo e sonhou com as terras de além. Doravante, o bastião inimigo que mais o podia incomodar era o de Alcácer do Sal que, com o seu famoso porto, certamente lançaria fragas com todo o tipo de piratas e corsários para lhe destabilizar o reino.

Todavia, ensinado pelo fatídico episódio de Leiria, o rei quis primeiro cimentar a posição na Estremadura e só depois partir a sul, para tomar novos lugares.

Consciente de que o seu limitado exército era incapaz de acorrer a todo o reino, D. Afonso decidiu povoar Lisboa, recrutar novos cavaleiros-vilãos em Santarém e repartir os direitos senhoriais com

os Templários. Foi nesse sentido que escreveu ao nobre D. Gualdim Pais, que estava em Jerusalém, para regressar e ajudá-lo a reorganizar o império portucalense. D. Gualdim, grão-mestre templário, acedeu à vontade do rei, que lhe confiou o castelo de Ceras onde, mais tarde, foi reconstruído o castelo de Tomar, e começou a edificar o castelo de Pombal. A ideia do rei era deixar que os Templários lhe defendessem a linha do rio Zêzere para, assim, ficar mais descansado e avançar para sul. Rigorosos e disciplinados, os Templários construíram os castelos de Almourol, Zêzere, Cardiga, Idanha-a-Velha e Monsanto. A nordeste do reino, ainda lhes foram entregues os castelos de Penarroias, Longrovia e Mogadouro, dos quais se ocuparam com garra e desvelo, tornando as suas terras invioláveis.

O rei também contou com a preciosa ajuda dos monges brancos da Ordem de Cister que, com técnicas inovadoras, desbravaram uma densa floresta e nela erigiram a abadia de Alcobaça, transformando a vila num dos principais centros abastecedores da Estremadura. Graças a Alcobaça, as terras de Nazaré, Torres Vedras, Óbidos e Alenquer prosperaram e o reino tornou-se cada vez mais rico em comércio e conhecimento.

Depois de decidir, com os seus conselheiros, a melhor forma de reconstruir e reconverter a cidade de Lisboa, o rei de Portugal achou por bem ajustar as contas que tinha. Conforme havia prometido, aquando do cerco a Lisboa, D. Afonso concedeu aos cruzados flamengos Corni a terra de Tauria, em Peniche, cujos bosques eram habitados por inúmeros touros selvagens; ao cruzado Jourdan, a Vila da Lourinhã; ao cruzado Allardo, a Vila Verde, em Alenquer; e ao Cira, uma herdade onde mais tarde, com D. Froila Hermiges, nasceria a Vila Franca de Xira.

Entre os anos de 1147 e 1160, muitos foram os ataques perpetrados por D. Afonso que, obstinado, não tirava Alcácer do Sal da cabeça. Com os seus homens dispersos pelas novas fronteiras, o rei teve que aguardar novos valores, novos guerreiros que estivessem à altura da sua coragem e ambição. Em Santarém, os jovens escudeiros gladiavam entre si para, um dia, se tornarem nesses cavaleiros.

Quando nesse ano, em 1147, D. Matilde deu à luz o primeiro filho, a quem chamaram Henrique, em homenagem ao avô, o seu casamento já não passava de uma fachada e ia de mal a pior. D. Afonso não conseguia esquecer Châmoa, a quem visitava constantemente e que estava novamente grávida do rei. Apesar de estar a par destas infidelidades, a rainha fingia uma presença airosa e até exagerava nos toques e sorrisos, quando em público. A maioria dos nobres estranhou o contentamento desta, que nunca fora dada a paixões, enquanto os mais crédulos imaginaram que o nascimento do primogénito havia levado o casamento a bom rumo.

A primeira vez que o rei pegou no filho-varão, os olhos brilharam-lhe em deslumbre, como se um clarão de luz divina os aclarasse. Nesse instante, não lhe restaram dúvidas de que tinha ali o seu sucessor. Foi por essa razão que, quando D. João Peculiar foi até ao Concílio de Latrão, o rei ordenou que levasse consigo o infante, com apenas três anos de idade.

Depois de Henrique, seguiram-se os nascimentos de três meninas, Urraca, Teresa e Mafalda, que encheram o castelo com feminilidade e elegância. Os seus sorrisos e travessuras como que ameigaram o coração de D. Afonso. De barba grisalha e olhar mais sensato, o rei transformava-se de dia para dia, pensando no quão efémera e inconstante era a vida.

Em Silves, ao descobrirem o pacto que tinha com Portugal, Ibn Qasi foi considerado traidor, apedrejado e decapitado pela população que pegou na sua cabeça e espetou-a na lança que D. Afonso lhe ofertara. Em Évora, para não seguir o mesmo caminho, Ibn Wasir virou costas ao rei e sujeitou-se ao domínio almóada. As guerras entre taifas estavam no auge.

Com guerrilhas a norte e sem aliados a sul, D. Afonso precisava de conceber novos planos para, de uma vez por todas, tomar Alcácer do Sal. Ele sabia que, se demorasse a atacar, estaria a permitir que os almóadas se reorganizassem e, com isso, o seu reino correria grandes perigos.

Por isso, à imagem do que havia feito em Santarém, o rei reuniu uma reduzida força de assalto de sessenta cavaleiros, para atacar Alcácer do Sal e, assim, explorar o factor-surpresa. D. Afonso não podia imaginar que os almóadas, para precaverem um ataque, tinham espalhado uma vara de porcos em torno das muralhas. Com um olfacto mais apurado que o dos cães, os grunhidos dos porcos-guardas desmascararam os invasores que provaram do próprio veneno, com as escadas nas mãos.

Em número inferior e à mercê dos defensores, os portucalenses não tiveram hipóteses e foram vigorosamente repelidos. Em retirada, os cavaleiros ainda lutaram com braveza, mas ao verem o rei ser ferido com uma seta, tiveram que se pôr à frente deste e protegerem-no até à morte. Foram eles que lhe deram tempo para rastejar até às margens do rio, para onde lhe fugira o cavalo, e escapar a galope com os mouros no encalço. A sua vida esteve por um fio mas, nem por isso, ele desistiu da ideia. Assim que recobrou do ferimento na coxa, D. Afonso voltou a tentar a sorte.

Desta feita, à imagem do que fizera em Lisboa, D. Afonso partiu com mais homens e negociou com alguns cruzados que se dirigiam para a Síria, contando que o acompanhassem, por mar, até ao porto de Alcácer. Porém, mais uma vez, a vitória não sorriu ao rei. O confronto foi tão equilibrado quanto sangrento, com muitas baixas de parte a parte, mas os portucalenses não conseguiram furar a defensiva e chegar até à praça.

Pela segunda vez consecutiva, o rei regressou a Coimbra de peito e mãos vazias que nada traziam, a não ser as saudades que tinha dos filhos.

Quando, de repente e sem explicações, Châmoa decidiu refugiar-se num convento e desaparecer da vista de todos, inclusive do rei, a rainha deu-lhe o segundo filho, de nome Martinho. Parecia que por fim os ventos de bonança sopravam sobre a família real. Todavia, algo de trágico estava prestes a acontecer no Reino de Portugal.

Com oito anos de idade, o pequeno Henrique adoeceu de tremores e febres altas que nenhum boticário conseguia diagnosticar. De acamado, com cada vez mais delírios e convulsões, o caso passou a ser considerado grave. As aias bem se revezavam, cobrindo-lhe o corpo com mezinhas e com panos ensopados em água gélida, mas Henrique não dava sinais de melhoras. Após semanas de dor e agonia, a criança simplesmente não aguentou mais e recebeu a extrema-unção, deixando os pais destroçados. Era quase como se, não só o destino de D. Afonso, mas de todo o reino estivesse realmente amaldiçoado. O primogénito do rei tinha morrido.

Pesaroso e combalido, D. Afonso sentiu o mundo a desabar sob os seus pés. O seu querido filho, no qual depositava a esperança do reino, havia deixado este mundo e a alma estava-lhe amargurada com o sabor das derrotas.

A melhor forma que tinha de reanimar o espírito, pensou o rei, era partir sozinho para Santarém, onde podia treinar os jovens que, por lá, se faziam homens. Era a sua forma de canalizar essa dor que sentia e, assim, transformá-la em raiva e força. Ao transmitir esta grandeza, este poder, que não se aprende nos manuais de combates, ele estaria a salvar a vida de muitos pupilos, ainda em idade jovem, mas que o filho não alcançara. A grande maioria desses adolescentes provinham de famílias pobres que, sem recursos, não tinham como lhes proporcionar uma vida condigna. Para evitar que estes se tornassem em assassinos ou ladrões, a viverem do mundo do crime, o rei preferiu tê-los do seu lado, a lutarem pela cruz. Cada vez que um nobre apontava e marginalizava um jovem, como um fruto podre que não deve ser colhido, o rei recrutava-o, impunha-lhe um treino severo e pagava-lhe, obviamente, em soldos.

Durante esses anos, Santarém foi palco dos maiores adestramentos e exibições de escudeiros e cavaleiros que se aprimoravam, tal com o rei fizera na sua juventude, a sonharem com o dia em que pisariam o terreno de batalha. Sempre que lutavam, entre muralhas, estes novos cavaleiros-vilãos tinham o frémito das espadas e o sangue quente nas guelras. Jovens e irreverentes, pareciam quase invencíveis, prontos a conquistar o mundo.

Foi também quando, de Leão e Castela, chegou a desditosa notícia de que o seu primo, o imperador da Hispânia, havia morrido numa cilada almóada, ao regressar desfalcado, de mais uma das suas batalhas.

D. Afonso não podia esperar muito mais. Se queria tomar Alcácer do Sal, precisava de um exército que fosse jovem, pujante, mas não precipitado e imaturo. Com orgulho, sentia que estavam preparados.

Na sua terceira tentativa, D. Afonso partiu de Santarém, atravessou a extensa seara que ainda não doirava, cruzou-se com alguns aldeões que dispersavam em sentido contrário e avistou ao longe o fossado portucalense. Os batedores sondaram o terreno e então, ao estridente som da trombeta, ele e os seus cavaleiros-vilãos santarenos contornaram cautelosamente o alcácer, para lhe apurarem os pontos fracos. Se parte da muralha era construída de pedra, imitando os romanos, a verdade é que um bom pedaço da cidade era protegida por um muro de terra encimado por uma alta paliçada de madeira e, a

Pedro Seromenho

leste da cidade, parte dessa paliçada aparentava estar lassa e bamba. Era como se, onde outrora estivera queimada, porque se notava a madeira enegrecida, novas estacas tivessem sido afincadas no solo, para substituírem a antiga fortificação.

D. Afonso, que queria tirar proveito da situação, acampou num monte sobranceiro e, nos dias que se seguiram, juntou-se-lhes um bando de homens toscos e rústicos, munidos ora com martelos e machados, ora com foices e cevadeiras, que tinham abandonado as terras para acudirem o aguerrido caudilho.

À medida que iam chegando, estes homens evitavam as paliça-das e apresentavam-se como um reforço, uma arma secreta de úl-timo recurso, ao dispor da infantaria. Entregavam-se aos trabalhos mais ingratos, como o alargamento do fosso que escavavam de hora em hora, o polimento das armas e o alimento dos cavalos enquanto que, para fortificarem o fossado, arrastavam troncos de pinheiros e enroupavam-nos com arbustos de silvas e espinheiros. Os toscos eram preciosamente úteis, como a sua força bruta, motriz, que se ocupava dos detalhes de guerra, para os mais lestos na arte de combate ganha-rem soltura. Desta forma, D. Afonso escusava de se preocupar com a retaguarda. A lealdade e a bruteza destes servis obstruiria as tropas mouras que procurassem os flancos, para apanhá-lo desprevenido. A maioria deles eram criminosos cadastrados ou exilados que procura-vam a redenção, uma oportunidade para recuperarem a honra.

10. O salteador

Foi sempre assim, até despontar a madrugada, com as populações a percorrerem quilómetros para auxiliarem as tropas do rei com tudo o que tinham, que não era mais do que paus, pedras e lealdade.

Quando finalmente chegou a hora, em que os homens tremem e as mulheres choram, num gesto de intimidação, os almorávidas açoitaram centenas de escudos redondos com os quais produziram um som ensurdecedor, ao que as tropas portuguesas responderam com passos alinhados. Os homens de Afonso acercaram-se entre si, até ficarem bem perto uns dos outros, com as cunhas e as primeiras fileiras a sobreporem os escudos com a cruz do senhor enquanto que, nas fileiras de trás, se erguiam as mesmas armas de defesa para improvisarem um tecto.

Sob uma carapaça feita de couro cru, semelhante às tartarugas dos romanos, para se protegerem dos lanceiros e arqueiros mouros, os portucalenses começaram a avançar em passo curto. Sentiam-se impenetráveis, ao saberem que as torres e as catapultas dos cruzados os acompanhavam nas costas. Não tinham pressas. Na guerra, as pausas são tão importantes quanto as incursões. É quando se semeiam as grandes vitórias. D. Afonso, esse, simulava impaciência, com gritos de desafio e encorajamento, antes mesmo dos arqueiros nos muros da cidade soltarem as cordas e surgir uma nuvem, espessa e branca, das penas das flechas disparadas. Inacreditavelmente, apesar da avalanche, o "suíno" aguentou-se, ficando a parecer um porco--espinho gigante.

Encurvados nos escudos, os portucalenses aturaram, nos ombros e nuca, o calor das fagulhas do aço cravado e mantiveram a passada. Algumas das setas que atravessaram a carapaça, haviam-lhes unido os braços ao próprio escudo que empunhavam e, por não conseguirem mover-se, ora arrastavam-se.

Por recearem que algo de mal lhe acontecesse e ficassem sem rei, os cavaleiros portucalenses ainda pediram a D. Afonso que não participasse no ataque, ao que este retorquiu:

– Que pedis vós?! Serei sempre o primeiro convosco! E se tiver que perder a vida para tomar esta cidade, então que Deus ma tire em batalha!

As palavras do rei levaram o exército ao rubro. Era nele que todos se queriam tornar. Em sofrimento, a primeira fileira foi-se aguentando, à espera do momento certo para atacar até que, quando este chegou, o céu estremeceu com o bramir das suas vozes:

– Por Afonso, o conquistador! Por Afonso, o nosso rei!

Foi então que, com os cavaleiros-vilãos a galoparem de norte, para ocuparem e distraírem os defensores, outro pelotão de peões e arqueiros se aproximaram de leste, com um conjunto de balistas, para destroçarem as muralhas. Com estas bestas gigantes, os portucalenses dispararam uma dezena de farpões, grossos como toros, que perfuraram a madeira como se esta fosse manteiga e abriram um enorme buraco na fortaleza. Os defensores que ficaram aturdidos com o bombardeamento, ainda correram e tentaram tapar o buraco com os escudos, mas à medida que se iam mostrando, os arqueiros portucalenses miravam a fenda e lançavam uma chuva de setas. A toca do inimigo estava agora escaqueirada.

Com matreirice, os vilãos portucalenses trouxeram cordas e escadas que apuseram às muralhas, para que os besteiros subissem e apanhassem o inimigo desprevenido. De cima, as bestas dispararam fogo e os mouros que defendiam a fenda, não tiveram como se esquivar. Em clara posição de inferioridade, os defensores recuaram e permitiram que os peões portucalenses irrompessem em força pela vila e abrissem os portões para que os cavaleiros ensanguentassem as praças e casas caiadas.

Com o pelotão de D. Afonso a trocar as espadas por clavas e a entrar por ali adentro, abriu-se uma clareira de corpos caídos e estropiados até à praça. À medida que os seus cavalos passavam, com as crinas ao vento e os cascos a resvalarem, os defensores que fugiam tão depressa eram atingidos como eram projectados, ficando a rebolar no chão como pipos vazios arremessados.

Lá dentro, os exércitos guerreavam de forma equilibrada, ganhando ora uns numas frentes, ora outros, noutras. Sem um vencedor antecipado, havia apenas alguns homens que, mais desenvencilhados, sobressaíam do caos para se afirmarem com valor. Irrequieto e com olho-de-lince, o rei deambulava pelas ruelas, para contrapor a força nas zonas onde perdiam. Foi aí que quedou pasmado com a audácia de um jovem que, cego pela ira, lutava de espadas em ambas as mãos, em corridas e rodopios. Sem pavor, assim que o inimigo contornava uma esquina, o rapaz jogava-se a eles, feroz e ágil como um puma da montanha.

– Geraldo, atrás de ti! – gritou um dos homens, ao vê-lo em apuros.

Ao escutar aquilo e, ao ver que estava rodeado, o jovem encostou-se a uma casa, ergueu o escudo ao nível do rosto e mergulhou através de uma das janelas, como se soubesse voar. Baralhados, os mouros apenas lhe conseguiram golpear a sombra fugidia. De tão afoito que era a rebolar e a saltitar, por entrecruzares de lâminas e rasgos de setas, estes trejeitos do rapaz chegavam a tornar-se cómicos. Sem capa ou armadura, os seus reflexos apurados faziam o inimigo parecer lento. Aliás, sempre que estes tentavam alcançá-lo, a única coisa que capturavam era um punhado de terra nos olhos e rasgos no corpo e na cara. Endiabrado e escorregadiço, o rapaz tornava-se intocável. Nem mesmo D. Afonso que já lutara contra gigantes e anões, em planaltos e montanhas, havia visto uma coisa igual.

À imagem do rapaz, os cavaleiros-vilãos deram provas de coragem e resistência, e os pratos da balança penderam para o lado portucalense. No rescaldo de uma disputa aguerrida, onde os cavaleiros e peões já não se distinguiam dos aldeões, D. Afonso pôde finalmente comemorar a vitória.

A 24 de Junho de 1159, exactamente trinta anos após a batalha de São Mamede, o rei de Portugal entrou no castelo, matou o governador da cidade, desfraldou a sua bandeira e hasteou-a no centro da praça, para que todos a vissem. Foi um entardecer de luto, num habitual dia de festa, com muitos guerreiros mortos, de lado a lado, a não atingirem a maioridade. D. Afonso prescindiu das comemorações solenes e aconselhou aos homens a que, em honra dos falecidos, fossem comedidos nos festejos.

Na realidade, o que o rei queria era deitar-se. A sua cabeça zumbia como um enxame de vespas e os joelhos, entorpecidos, faziam-no mover-se de forma penosa e cambaleante. Disfarçando a dificuldade que tinha em respirar, o rei subiu os lanços das escadas, arrastou-se até ao quarto e, num só fôlego, desembaraçou-se da armadura que trazia. Entre sibilos, enfiou os pés inchados numa tina com água quente e sentou-se na cama, com as mãos na cabeça. Sentia-se trémulo e exangue, como se os seus quase cinquenta anos de idade lhe pesassem nas pernas.

Depois de, no mesmo ano, ainda conquistar Beja, o rei regressou a Coimbra, onde os conselheiros o inteiraram das atribuladas novidades da Península Ibérica. Se, outrora, a morte de D. Afonso VII fizera com que o seu império que incluía Leão e Castela, fosse dividido pelos filhos, D. Fernando II e D. Sancho III, respectivamente, agora o cenário mudara por completo. Subitamente, D. Sancho III adoeceu e morreu, deixando como herdeiro um filho de apenas sete anos de idade. Sem idade para governar, este pequeno Afonso foi sonegado e Castela entrou em guerra civil.

Para marcar uma posição, D. Afonso Henriques foi até ao mosteiro beneditino de Celanova, na Galiza, e encontrou-se com o rei de Leão. Apesar das suas filhas D. Urraca e D. Mafalda estarem ainda a aprender a ler e a escrever, o rei de Portugal decidiu encomendar-lhes o destino. Já que, não obstante os esforços de D. Peculiar, o papa teimava em não considerá-lo rei, D. Afonso tentava outras formas de obter o reconhecimento. De facto, assim que fez quinze primaveras, D. Urraca desposou D. Fernando II, ainda seu primo, tal como faria a sua irmã D. Mafalda, com o jovem rei de Aragão.

Ao regressar, D. Afonso visitou Santarém e, sem esquecer o rosto moreno e traquinas que havia visto a lutar em Alcácer do Sal, exigiu ao alferes-mor que averiguasse quem era afinal o jovem.

A resposta, essa, não tardou e trouxe alguma algazarra à corte: ele chamava-se Geraldo Geraldes e era um dos cavaleiros-vilãos treinados no castelo de Santarém. Todavia, ou seduzido pela aventura ou pela cobiça do ouro, o mesmo jovem havia formado um grupo de marginais que chefiava, quais caçadores de recompensas.

A sul do Tejo, com as taifas em polvorosa, era frequente actuarem bandos de salteadores que, agindo por sua conta e risco, negociavam com os cristãos ou com os mouros, dependendo de quem lhes pagasse melhor. Geraldo e os seus bandoleiros não eram excepção. O vilão apropriara-se do fortificado povoado de Tourega, em Évora, e era deste que comandava as suas operações, lançando ofensivas às excursões e às campanhas que cobiçava. A fama precedia-o, como ladrão e gatuno, por não conhecer o medo. Ainda assim, D. Afonso queria vê-lo.

O rei precisava de novos aliados por aquelas bandas, fossem estes quem fossem. Antes de se aventurar pelo além-Tejo, convinha ter alguém lesto e conhecedor da terra que, em breve, pisaria. Geraldo era, com todos os defeitos que tinha, a pessoa mais indicada.

– Senhor, chamastes? Que precisais de mim? – interpelou-o o vilão, assim que chegou ao castelo com os comparsas em grande alarido.

À imagem de como lutava, quando ele entrava num lugar, também o fazia de forma extravagante. Não lhe estava na natureza ser discreto.

– Quero que me ajudeis. – disse D. Afonso que, antes de se adiantar mais, fez sinal aos guardas e aos mercenários, pedindo para que ficasse a sós com Geraldo – Planeio entrar em terrenos movediços que vós melhor conheceis. Com a minha estratégia e a vossa argúcia, tudo será mais fácil.

– Contanto que sejais caridoso. – sorriu Geraldo, abrindo o jogo.

O cavaleiro-vilão não desperdiçou a excelsa oportunidade de retirar proveitos e, como caudilho, zelou pelos interesses do grupo. Nos tempos que corriam, era preciso fazer contas à vida.

– Se conseguirdes o que quero, tereis tudo o que pedires. – retorquiu o rei, invocando-lhe a cobiça.

– Mas, vossa Alteza, como desejais que o faça? Contais que vos acompanhe em número e força? – ficou mais curioso Geraldo.

– Não, nada disso. Fernão Gonçalves levará os seus vilãos e eu, os meus. Juntos, seremos em conta. Quanto a vós, como a raposa que sois, deixarei que intrujeis outros domínios.

Após horas de conversação, as negociações chegaram finalmente a um consenso. Os planos do rei eram simples e claros. Ele seria o primeiro a avançar, rumo a Beja, e Geraldo ficaria responsável por tomar Évora.

Cavalgando veloz pelas margens do Sado, D. Afonso dirigiu-se para sul, embrenhou-se no covil do inimigo e, na calada da noite, desferiu um ataque fulminante que apanhou os defensores de surpresa. Estávamos no enregelado Inverno de 1162 e os seus cavaleiros-vilãos santarenos não deram a mínima hipótese às tropas mouras que, acobardadas, deixaram os matacães e refugiaram-se de casa em casa, disfarçando-se de aldeões.

Os invasores passaram a pente fino as quarenta torres que flanqueavam a fortaleza e, em seguida, entraram na de menagem e tentaram os varandins para terem a certeza de que ninguém lhes escapava. Depois de subjugar a cidade, Fernão Gonçalves colocou parte dos homens nos arredores da vila e ordenou-lhes que abatessem quem saísse da povoação sem autorização. O rei queria manter a incursão no segredo dos deuses e, assim, o caminho aberto a novas ofensivas. Depois de restabelecer a ordem, sem pressas, D. Afonso nomeou vários grupos de batedores, entre os quais o de Geraldo, e indicou-lhes, com precisão, os sítios que deviam espiar. A sua ideia era, com essa informação, atacar pontos específicos para, de forma gradual, ir debilitando o inimigo. Ardilosamente, as armadilhas eram montadas.

Para já, o rei fizera o que lhe competia. Com a reconquista de Beja, que traduzia uma questão de honra por havê-la perdido para os mouros, o primeiro passo do plano estava dado. Cabia agora a Geraldo cumprir com a sua parte.

De trato difícil e maneiras rudes, depressa o rei se apercebeu que Geraldo era diferente. O seu coração era selvagem, indomável, como que nascido para lutar. Quando D. Afonso o chamou de novo até à corte para, com ele, partilhar os planos que tinha para Évora, deu-se um momento delicado e inesperado, com o cavaleiro-vilão a contestar as ideias do rei. Olhando para o soberano, os nobres esperaram por um gesto apenas para prenderem Geraldo mas, estranhamente, D. Afonso não reagiu à afronta. Pensou ele, para consigo, que não valia a pena amansar a pobre criatura. A força do vilão residia precisamente na intemperança e, por isso, era escusado e até contra-natura tentar de alguma forma domesticá-lo. Além do mais, estas reacções não eram novidade. O rei estava a par das altercações do vilão que, nas últimas ofensivas, abusara do poder e ameaçara a vida a vários nobres, assaltando-lhes os castros e pilhando-lhes os haveres.

Num misto de ciúme e temor, os senhores portucalenses apelidavam-no de ladrão ou apátrida, que se vendia por saques e dinheiro. Quanto a D. Afonso, que nele revivia a juventude, falava-lhe antes com prudência e admiração. Era preferível tê-lo do seu lado, a conquistar terras às quais não chegava, do que vê-lo passar para o lado inimigo. Comparativamente ao rei, Geraldo não era grande cavaleiro mas, para compensar, desenvolvera a típica agilidade e argúcia de quem estava habituado a sobreviver desde tenra idade.

Com um passado pouco nobre e uma vida ganha a trapacear, o cavaleiro-vilão havia adquirido um estilo próprio, umas vezes astuto e outras manhoso, que facilmente se confundia com o de um salteador. Não obstante, o fundo do seu coração era o de um cavaleiro. D. Afonso reconhecia-o no brilhozinho dos olhos que ele transluzia sempre que lhe falava da nobreza das conquistas. Talvez por isso, o rei nunca o tenha confinado a processos e protocolos, entre paredes de castelos.

Pelo contrário, durante três anos, o cavaleiro-vilão soltou rédeas e cavalgou livre pelos montes alentejanos. Não havia planície por onde este passasse, pilhando e despojando, sem que a população não ficasse em alvoroço. A fama do seu nome viajava como ele, veloz no vento, de boca em boca, com os mais velhos a exagerarem as suas façanhas e proezas e os mais novos a acreditarem. Com o salvo-conduto do rei a amparar-lhe a ousadia, a sua fama cresceu até torná-lo num espécie de herói e mito: Geraldo Geraldes, o Sem-Pavor! – chamava-o o povo, referindo-se a ele como se de um demónio se tratasse. Em constante movimentação e, por isso, quase impossível de ser interceptado, Geraldo tanto enriquecia os homens que o ombreavam, como ainda recrutava cada vez mais. Do Marvão até Serpa, o salteador e a matilha galgavam as terras, espalhavam o terror e, discretamente, abeiravam-se do seu objectivo, que era Évora.

Quanto ao rei de Portugal, com a filha prestes a casar, partiu para a Galiza onde finalizou as condições e os preparativos inerentes à cerimónia. Com o álibi de estar junto do genro, para discutirem os interesses dos reinos, D. Afonso imaginava Geraldo em terras leonesas, a acabar de conquistar Trujillo, Cacéres e Lobon. Foi exactamente isso que aconteceu.

Deambulando entre fronteiras, Geraldo Geraldes aquartelou com os seus homens em Évora e, juntos, prepararam um intrincado plano de ataque. Disfarçado de bardo e fingindo-se embriagado, Geraldo rondou a cidade, entrecruzou as ruelas, com os seus homens separados como se fossem desconhecidos, e foi tirando as medidas à torre principal do castelo. Sob o camuflado da noite sem lua, o cavaleiro-vilão abriu o saco de serapilheira, desenrolou uma corda que tinha dentro e, com esta, enlaçou uma das ameias. Sozinho e silencioso, subiu a torre como um símio e, ao chegar ao topo, ocupou-se dos dois guardas que lá dormitavam. Foi tão rápido nos golpes que estes nem do sono acordaram. Com a chave das portas da cidade nas mãos, o caudilho imitou então uma coruja a piar e desceu, de mansinho pela sombra, até ao portão da cidade. O combinado, ao seu sinal, era que os mercenários se reunissem, para Geraldo lhes abrir os portões.

Tal como o D. Afonso, também Geraldo preferia atacar de noite, durante o Outono ou Inverno, em vez de fazê-lo na Primavera ou Verão. Entre tantas outras coisas, tinham isso em comum.

Em particular, Geraldo escolhia as noites escuras e gélidas, que era quando os sentinelas se concentravam menos no exterior e o resto dos habitantes se recolhiam às lareiras. Havia menor probabilidade de se cruzarem com empecilhos ou imprevistos.

Lá dentro, na praça de armas, os vigias aqueciam-se sentados, em redor de uma improvisada fogueira, sem suspeitarem da morte que os aguardava. Desprevenidos e rodeados pelas costas, estes ainda tentaram contrariar os mercenários mas, perante os golpes baixos e traiçoeiros, não tiveram a mínima hipótese.

A principio, os sinistros invasores abalroaram os casebres onde dormiam os guardas e, depois de se fazerem notar, pelas mocas e machados que traziam ao entrarem na alcáçova, criaram algumas manobras de diversão para Geraldo entrar na torre de menagem e capturar o governador almóada.

No final do Outono de 1165, com D. Afonso acabado de regressar do casamento de D. Urraca, Geraldo Sem-Pavor apoderou-se de Évora e preparou a chegada do rei, para lhe entregar as chaves da cidade:

– Senhor, cumpri os vossos desígnios. – recebeu-o o salteador, com os seus maltrapilhos alinhados, como se fossem um exército da corte.

– Assim vejo, bom Geraldo. – disse o rei que estendeu a mão, para que o cavaleiro a beijasse – Em breve, tereis tamanha fortuna em mãos que vossos dedos, de poucos e pequenos, não conseguirão contá-la.

– Atentai que os meus dedos são ágeis! – gargalhou o Sem-Pavor.

– Sim. E este foi o teste que vos destinei. – revelou então o rei que se debruçou sobre a mesa e desenrolou um mapa da cidade de

Badajoz – A vós, reservo-vos maiores intentos. Nomear-vos-ei alcaide do castelo de Juromenha e, dele, partireis em novas conquistas.

Agora que lhe entregara Évora, D. Afonso tinha a certeza de que, desde que lhe pagasse bem, tinha nele um aliado de peso. Nos anos que se seguiram, Geraldo continuou a lançar sucessivos e ininterruptos ataques que, para confundir o inimigo, ia alternando entre Norte – onde conquistou Marvão, Crato, Arronches; Este, onde se apossou de Elvas, Juromenha e Redondo – e Sul, onde submeteu Monsaraz, Mourão, Alvito e Barrancos. Estes eram os bastiões sem os quais Badajoz ficava exposta, isolada e assim se tornava numa presa apetitosa e fácil. Entretanto, para completar a missão, D. Afonso ocupava-se de Moura, Serpa e Alconchel. Tal como previra, Geraldo parecia dar perfeitamente conta do recado. Por cada ofensiva que encetava, perdendo centenas de homens nos confrontos, os seus ataques seguintes eram ainda mais violentos, como a cobra que, depois de ferida, serpenteia furiosa e não perde tempo em ripostar.

Geraldo Sem-Pavor era o cavaleiro que todos os homens gostavam de imitar e seguir. Normalmente, os criminosos que arrebanhava, ou eram ralé ou proscritos. Não havia puros ou franzinos. Todos sabiam que, no grupo, a riqueza era directamente proporcional ao risco que incorriam. Na ressaca das vitórias, o cavaleiro-vilão jejuava da violência, viajava ao longo da fronteira até à outra ponta da região e, pelo caminho, recrutava pessoalmente novos marginais, atacando com forças renovadas. Com esta táctica, para além de surpreender os defensores que nunca sabiam donde iria aparecer, fazia com que os mesmos se abismassem com a constante airosidade do seu jovem bando.

11. A maldição

Finalmente, a 3 de Maio de 1169, Badajoz foi atacada.

Com o tórrido sol a escaldar-lhes a roupa e a pele, e as amendoeiras a florirem os campos, Geraldo e o bando partiram de Elvas, com Badajoz à vista, e chegaram aos subúrbios da cidade quando entardecia. Tratava-se de um grupo de homens que, em número, deixara de ser uma matilha e agora, com o poder alcançado, se equiparava a um exército do rei. De cabeça erguida e de forma espalhafatosa, os cavaleiros-vilãos e outros marginais começaram a atacar tudo o que se lhe cruzava no caminho. Era como se tivessem enlouquecido! Agrediam velhos rabis, mulheres e crianças, apenas porque estes eram diferentes.

O bandarilheiro tinha mais de astuto do que violento mas, naquele dia, a brutalidade estava-lhe no sangue, no modo de combater. Vinha feroz e ao descoberto, por de nada lhe servir a surpresa ou o deslumbre, de tantas terras que saqueara. Pelo contrário, queria que os mouros o vissem e que viessem a correr para que, quando os matasse de frente, lhes visse o sorriso a fugir-lhes do rosto. Era assim, sádico e maquiavélico, que o salteador se sentia. E os seus, que o viam alterado, imitavam-lhe o sentimento, ampliando-o a um maior número de vítimas. Ao chegarem ao alcácer, irromperam pelas muralhas exteriores do castelo. A preocupação de infligirem dor aos habitantes foi tanta que, no assarapanto de cortes e golpes desnecessários, deixaram grande parte dos guerreiros mouros refugiarem-se na alcáçova. Alguns dos salteadores ainda tentaram impedir que os mouros fechassem os portões das muralhas interiores, mas dispersos e atroados, foram rechaçados pelos defensores.

Apanhados de percalço, tiveram então que esperar por D. Afonso que vinha de Évora com os seus para, juntos, montarem o cerco à cidade. Durante vários dias, os arqueiros portucalenses alvejaram as ameias e os merlões, catapultaram o interior do castelo e, com as balistas, perfuraram um dos torreões, mas não conseguiram arrombar a porta principal.

Com as defesas da cidade a resistirem, os reforços de almóadas que vinham de Marrocos tiveram tempo e alento suficiente para desatracarem e chegarem até Sevilha, onde foram informados que o rei Fernando II de Leão, também ele, marchava rumo a Badajoz.

Até podia ter sido uma boa notícia para D. Afonso, saber que o rei cristão se dirigia para Badajoz, onde o sogro tentava tomar uma praça aos almóadas, mas foi precisamente o contrário. Com os homens que aliciara na corte do Rei de Portugal, nomeadamente o seu alferes-mor, há mais de um ano que D. Fernando II de Leão sabia do plano deste com o salteador, que tantas terras lhe saqueara. Foi um transtorno que, depois de se tornar em raiva, preferiu usar com alguma inteligência. Em vez de manifestar o seu desagrado, o rei leonês encontrou-se em segredo com o emir almóada e, juntos, redigiram um pacto de defesa mútuo. Decidido a impedir que a conspiração lhe causasse mais prejuízos, D. Fernando II formou então um tremendo exército e rumou até à cidade que, em tratado, lhe pertencia.

Em Badajoz, protegidos pelos besteiros numa enxurrada de virotes, alguns dos salteadores finalmente entravam pela ala sul e espalhavam-se pela praça de armas, tentando abrir os portões, sem imaginarem o fim que lhes estava reservado. Assim que os cavaleiros portucalenses penetraram na alcáçova, com as armas em punho, a reluzirem inquietas ao sol, foi como se uma onda de maré, gigante e prateada, cobrisse e vergasse os opositores quais pequenos e frágeis batéis. Foi uma entrada avassaladora.

Ao trotearem em redor do castelo, D. Afonso sorriu para Geraldo e este respondeu-lhe com um ditoso acenar de cabeça, de quem antecipava o sabor da eminente vitória. Com os cavaleiros-vilãos a invadirem a cidade de todas as formas possíveis e imagináveis, os defensores ficaram circunscritos a uma das alas e, sem terem por onde fugir, começaram então a deitar-se de barrigas para baixo e com as mãos nas nucas. Era escusado debaterem-se. Quer os homens-de-armas, quer os bandoleiros, estavam melhor treinados e não desistiriam de massacrá-los.

Foi então que, para espanto dos invasores, uma trombeta rasgou os céus e antecipou a chegada do exército leonês. Na balbúrdia da contenda, com os almóadas a reanimarem do desaire e os cavaleiros-vilãos a braços com o revés, os portucalenses olharam para D. Afonso, tentando perceber, na reacção deste, se a aparição do leão rosado era bom ou mau para eles.

Ao sinal do rei, os homens-de-armas acorreram a fechar os portões, para impedirem os leoneses de entrar, mas os almóadas interpuseram-se. A armada que entrava era mais forte que os de dentro, que se sustinham. Com a retaguarda dos cavaleiros-vilãos desguarnecida, o confronto entre as três hostes foi retumbante. De um lado, os leoneses que furaram com uma primeira linha de arquei-ros e besteiros, seguindo-se-lhes os peões. Vinham apetrechados de armas e bem compostos de armadura e arnês. E de outro, os almóa-das que se grudavam e atrapalhavam os portucalenses, fazendo com que estes fossem incapazes de se defenderem. Numa aliança amaldi-çoada, entre muçulmanos e cristãos, foi como se um redemoinho de negrume se abatesse sobre D. Afonso e Geraldo.

O rei de Portugal não esperava tão triste fado, de lutar con-tra um exército que lhe era superior. Rodeado de mouros e leo-neses que não paravam de chegar, D. Afonso rodopiou o cavalo, defendeu-se como pôde e, nas costas, viu Geraldo sentado junto às paredes da medina, com os braços no ar, a render-se. D. Afonso ainda tentou acudi-lo mas, numa fracção de segundos, constatou que jamais chegaria até ele.

Foi com essa hesitação, nesse momento de distracção, que o rei desguarneceu as alas, valendo-lhe um corte na anca. Enquanto os cavaleiros portucalenses formavam um círculo defensivo, para enca-rarem de frente os leoneses, um dos almóadas apareceu furtivo, por entre as patas dos cavalos, e rastejou até ele. Ferido, D. Afonso ainda retaliou com um golpe em cheio no peito deste mas, depois, ganhou medo e recuou para trás de dois dos seus cavaleiros que o defende-ram, enquanto este se esvaía.

Contorcido de dor, o rei rasgou então a capa e atou o tecido à cintura, na expectativa de estancar o sangue. A partir dali, por cada golpe que ele desferia, o corpo doía-lhe como se o estivessem a tor-turar. Nunca mais se reencontrou. O maior número de inimigos que se atiravam dos adarves e dos telhados para, com o peso dos cor-pos, tombarem os cavaleiros, fazia-se notar cada vez mais. Por mais corajosos que os portucalenses fossem, a digladiarem feridos e até amputados, de olhos postos no exemplo do rei, tudo apontava que somente um milagre os impediria de serem derrotados.

D. Afonso sentia isso, com os olhos raiados e revirados, como se estivesse a pregar. A dor que não parava de assolá-lo, fazia-o desconcentrar-se e nada mais podia fazer. Em redor, os seus cava-leiros iam tombando, um a um, como tordos abatidos. E, quanto aos mercenários, grande parte se havia rendido ou havia fugido pelo amor que tinha à vida. Não restara nenhum, para socorrerem os aflitos homens-de-armas.

O próprio D. Afonso desanimou quando, de repente, o escudo se lhe escapuliu com o impacto de uma clava. As mãos com que defendia o rosto, das pancadas dos inimigos e do sangue esparramado dos fiéis, adormeceram-lhe de tal forma, que já nem força nos punhos tinha. Sem equilibrar a pesada espada, vieram as estocadas de um cavaleiro leonês que, assim, a partiu em três pedaços, deixando-o desarmado.

Aflito, D. Afonso arreliou o cavalo e saiu aos solavancos, para fugir à confusão e ganhar o espaço que necessitava. Foi nessa fuga, em direcção ao portão principal que, por azar, o seu animal foi atingido uma seta na pata traseira e, com o fraquejo, cedeu ao peso do cavaleiro, empurrando-o contra o ferrolho de uma porta. Incapaz de evitar a queda, o rei ouviu o estalido do osso e, num espasmo, sentiu o fémur a escaquerar ao meio. Com a perna direita estropiada, D. Afonso não se equilibrou e tombou na terra lamacenta, enquanto rogava pragas ao maltratado cavalo que se lhe escapava espavorido.

Ao ver aquilo, a meia dúzia de cavaleiros portucalenses que ainda resistiam, acudiram-no prontamente e conduziram-no para fora do castelo. Os peões que lutavam às portas da cidade ainda tentaram travar o inimigo, para impedi-los de perseguirem o rei mas, como que diante de uma avalanche, foram violentamente abalroados pelos cavalos dos leoneses. Levado à boleia pelos cavaleiros, D. Afonso ainda barafustou, pedindo-lhe que regressassem e que enfrentassem o vil destino.

Todavia, preocupados com o soberano, estes preferiram galopar até à vila de Caia onde, com o avanço de que dispunham, procuraram por um esconderijo. Depois de pousarem o rei no chão, os cavaleiros bateram de porta em porta, mas nenhuma se abriu.

Estava-lhes no destino serem alcançados por aquele inimigo que, implacável, a vida lhes ceifou. Quanto a D. Afonso Henriques, às portas da morte, foi levado como refém e entregue a D. Fernando II de Leão. Foi este que o poupou, impedindo que o emir almóada lhe pusesse a cabeça numa bandeja de bronze. Não podia matar o sogro que tinha como o extremoso guerreiro que era e, assim, amargurar o coração da sua mulher.

Em vez disso, D. Fernando chamou o boticário e pediu-lhe que

Pedro Seromenho

o tratassem como se fosse ele que estivesse ferido. O rei de Leão reafirmou que a última coisa que desejava, era entregar o cadáver do caudilho à própria família.

Durante semanas, D. Afonso lutou contra a infecção que se lhe alastrara de tal forma pelo corpo que, entre devaneios e clamores, o médico-cirúrgico ponderou amputar-lhe a perna enferma. Não podiam deixá-lo morrer. Embora prisioneiro dos aposentos do castelo, que os soldados leoneses vigiavam com cautela, este homem moribundo não deixava de ser o rei de Portugal. Tinha por conquistas o que muitos homens apenas sonhavam. Os seus feitos imortalizavam-no nos anais da História e esta não iria ser manchada, não pelo Rei de Leão – dizia D. Fernando II aos súbditos, sempre que o visitava para se assegurar que sobreviveria. Como rei e como genro, jamais permitiria que o tratassem como a um salteador e era por isso que, ao contrário de Geraldo que habitava as fétidas masmorras, o rei de Portugal teve tudo o que precisou para convalescer de saúde. Nada lhe faltou.

Passaram dois meses de cativeiro até o rei de Leão finalmente receber a notícia de que D. Afonso havia despertado do sono profundo e que já balbuciava; falava de amores impossíveis e de uma maldição que lhe fora lançada. Referia-se por certo à sua mãe, D. Teresa, e à execração que esta lhe fizera. Agora que estava confinado, o rei olhava para as algemas que o agrilhoavam à cama, virava a cara e adormecia de vergonha. Mais do que haver sido derrotado, era o vexame de estar preso que lhe atormentava o sono e os sonhos. Assim que se mexeu, foi com lamento que percebeu que a perna direita já não lhe respondia. Embora tivesse sido poupada, a gangrena de que padecera fazia com que, doravante, esta de pouco lhe viesse a servir. A carne estava negra e corroída, como a de um morto, mas no corpo de um vivo.

– D. Afonso, visito-vos para saber da vossa saúde. – fez-se anunciar D. Fernando II, antes de se sentar numa cadeira, perto do sogro.

– Que quereis deste velho, deste morto? – respondeu na retranca D. Afonso, com receio que o torturassem, para lhe arrancarem os segredos do Reino.

– Devolver-vos a liberdade. – serenou-o o rei de Leão – Pelo vosso passado, não mereceis este destino. Com a vossa palavra, soltar-vos-ei.

– Sois demasiado bondoso, para um rei. – continuou desconfiado

D. Afonso, evitando encarar o genro – Que palavra é essa, a que me quereis?

– Que não me enfrenteis de novo. – explicou D. Fernando II que chamou o conselheiro para ler, em voz alta, um manuscrito de condições.

– Descansai por ora. Meu filho, D. Sancho, fá-lo-á um dia por mim. – augurou D. Afonso, enojando-se com o odor que da sua perna exalava – Quanto a vós, não vos vanglorieis. Será este corpo que me tem cativo que, ao assinar, se tornará livre. Não o rei ou o reino de Portugal.

– Fazeis o que é mais correcto. – sorriu-lhe o genro, olhando-o com compaixão, enquanto este escrevia – Amanhã, os meus homens escoltar-vos-ão até Coimbra.

Durante a conversa que tiveram, D. Fernando dissipou as dúvidas que lhe restavam quanto à verdadeira capacidade do sogro. Com sessenta anos de idade e o corpo destroçado, D. Afonso Henriques deixara de ser uma ameaça. Era por demais evidente. O notável trajecto, como aguerrido líder e combatente, havia chegado ao fim. Uma das condições impostas pelo rei de Leão era que D. Afonso nunca mais voltasse a cavalgar. Caso ele montasse um cavalo que fosse, o seu genro decretar-lhe-ia uma guerra tamanha que todo o reino de Portugal bradaria aos céus por clemência. As outras condições, obrigavam-no a restituir todas as terras conquistadas, quer por ele, quer por Geraldo. O salteador foi igualmente libertado, mas ficou apenas com o castelo de Juromenha.

Após ser entregue em Coimbra, nos braços do filho, foi o próprio D. Sancho que se incumbiu de transportar o rei até às termas de S. Pedro do Sul, para este sarar as feridas. Todavia, a incapacidade física do Rei era mais grave do que se pensava. Para além de nunca mais cavalgar, ele podia nem sequer voltar a caminhar. Teria que recorrer a andas ou ser levado ao colo, pelos seus, até ao fim da sua vida.

Em tratamento, D. Afonso desonerou D. Pêro Pais da Maia que desempenhava o cargo de alferes-mor há mais de vinte anos, e nomeou o seu filho bastardo, D. Fernando Afonso, para assim o ter mais perto de si. Quanto ao senhor da Maia, tal como se esperava, rumou até às cortes de Leão, onde Fernando II o recompensou, confiando-lhe um cargo idêntico.

— Meu pai, como vos sentis? — perguntou preocupado D. Sancho, ao ver que este se recusava a sair da cama.

— Fraco e esquecido. A igreja não me reconhece o empenho.

— Mas... não podeis! Tendes um reino por governar! — espicaçou-o o jovem príncipe, apontando para a mesa de cabeceira, onde se empilhavam as folhas e os papiros, com as mercês e benesses dos forais por decretar.

— Por isso te chamei, filho. Pelas minhas mãos que ainda guardam força, serás investido cavaleiro. Confiar-te-ei este reino, este meu amor.

— Mas pai, estarei pronto para tamanho desafio?

— Sim, tendes o meu sangue e a minha vontade. Cuidai primeiro dos pobres, dos indefesos, e povoai as terras vazias com fé e esperança.

Depois de tantas cruzadas contra os mouros, com iguais vitórias e conquistas, o papado insistia em voltar-lhe as costas e em não reconhecê-lo como rei de Portugal. D. Afonso estava ressentido. Ele, que tudo fizera pela igreja, vivera toda uma vida como um caudilho, um revolucionário. A 15 de Março de 1170, quando ele próprio investiu o filho cavaleiro, o rei continuava a não ser rei, senão do seu povo que o tinha por soberano. Todavia, D. Sancho tinha razão quando dizia que, mais importante do que as suas quezílias pessoais, o rei tinha um reino que era urgente governar.

A derrota de Badajoz mergulhara Portugal numa espiral de perfídia e infortúnio. Era como se os deuses, invejosos deste rei mortal que, com feitos e as conquistas se tentara equiparar a eles, ora lançassem conjuros de cólera e vingança, esperando a redenção. Ao verem o estado do rei, os nobres que lhe eram menos leais desacreditaram no reino de Portugal e começaram a desertar. Muitos foram os que trocaram a pátria pelo poder leonês e D. Afonso, impotente e cabisbaixo, assistia às pérfidas traições.

A maioria dos homens em quem confiava haviam-no abandonado, ora por medo, ora por morte, deixando-o cada vez mais só e entregue ao destino. Foi o caso do arcebispo conselheiro e amigo, D. João Peculiar, que partiu ainda primeiro, para o reino que apregoava, o dos céus. D. Afonso sentia o reino cada vez mais frágil e instável, prestes a desmoronar, como um castelo feito de cartas. Até mesmo Geraldo o havia traído, a troco de mais dinheiro, que os almóadas lhe

118

haviam oferecido. Sem o salteador como aliado, o rei perdia a réstia de esperança que mantinha em reconquistar as terras a sul e, pior, via-se na humilhação de ter que assinar um pacto de tréguas com o inimigo mouro.

Aonde quer que ela estivesse, a mãe do rei, D. Teresa, devia estar com um sorriso aberto e feliz, das contrariedades que assolavam o filho. Tudo corria pelo pior, como ela própria apregoara em Lanhoso. Os ventos que corriam no reino, ora traziam desgraça ora desassossego.

Os anos que se seguiram foram longos e tormentosos, com as terras a secarem e a mingarem de cultivo, e o reino a inundar-se de doenças e pragas. Nada de bom desabrochava daquele solo que, à imagem da cinza dos enfermos e da fome dos camponeses, se estendia árido e pardo. Os invernos tornaram-se tão rigorosos que o frio queimou as colheitas e assassinou famílias inteiras, enregelando rios, lagoas e cidades.

Todos os dias se contavam histórias trágicas, nos portos e praças, de pescadores engolidos pelos mares enraivecidos. Ninguém estava a salvo de sair, para trazer alimento aos seus, e nunca mais voltar. Era a fome e a miséria que ora subiam ao trono e reinavam absolutas, com os mais pobres e fracos a ajoelharem-se diante delas e a entregarem a própria vida. Durante meses, o sol quase nunca espreitou. O céu cobriu-se de luto, para acobertar as desgraças, e as nuvens, que relampejavam sonantes, abafavam os gritos e os choros das vítimas. Acontecia de tudo um pouco: insurreições, roubos, estupros, pilhagens e até assassinatos.

Chegou então o Verão que trouxe a seca e o fogo, com as chamas a lavrarem os campos e as florestas e a matarem os animais. Nos castelos, os silos subterrâneos depressa secaram e, nas aldeias, as minas de água estancaram, enquanto os caudais dos rios se transformavam em clareiras. Os mouros sentiam-se em casa, a viverem num autêntico deserto.

Quanto ao rei, incapacitado, regressou ao castelo de Coimbra, onde se foi arrastando, de aposento em aposento, de sombra em sombra, para evitar os olhares curiosos e os súbditos não lhe verem a fraqueza. Ainda assim, na boca dos habitantes mais jocosos, a sua debilidade era motivo de chacota e anedotas. Não havia como esconder tão incómoda verdade, a de ser um aleijado.

Para agudizar a azeda relação que o rei tinha com o papa, chega-lhe a triste notícia de que este havia decretado o divórcio entre D. Urraca e D. Fernando II, por considerar que os cônjuges pecavam por parentesco. Era um vexame ter que receber de volta a filha, descartada pelo marido. Se não estivesse preso a este corpo e tivesse a firmeza de outrora, faria o rei de Leão engolir a própria língua cortada! A velhice que se apossava dele, deixava-lhe as mãos a tremelicar, como se quisesse alcançar algo mais, algo que lhe estava cada vez mais aquém. Há muito confinado às quatro paredes do castelo, o soberano limitava-se a vaguear e a estrebuchar, como uma traça presa nas teias de uma aranha. Era o seu filho, D. Sancho, que reunia os exércitos e cursava até à frente de batalha, que é onde os reis devem reinar. A força do jovem não parava de surpreender tudo e todos, nas incursões que levava a cabo. Havia até lugar para as mais estúpidas teorias: uns diziam que era do pai que ele levava a lição bem estudada e, outros, que o príncipe se alimentava do sangue do rei, qual vampiro, tornando-se cada vez mais forte, às custas da fraqueza do progenitor. De facto, D. Afonso enfraquecia de dia para dia, numa barba branca como a neve e num rosto pálido, sem emoções ou cor.

O rei, que não era rei, completara setenta anos de idade e, por isso, sabia que era uma questão de tempo até a morte o reclamar.

Foi então que, sem se saber bem como nem porquê, chegou a boa nova de Roma, que ele tanto ansiava. O mensageiro do papa cavalgou até Coimbra e entregou-lhe em mão a bula, o *Manifestum Probatum*, que lhe concedia o estatuto de rei e, ao condado, o de reino. D. Sancho I rejubilou com o feito que merecia ser comemorado, mas D. Afonso virou costas e deixou cair o documento, largando-o com indiferença. Agora que estava às portas da morte, não era um pedaço de papel que o faria novamente feliz. A tinta que redigira aquele diploma tinha o sangue derramado por milhares de portucalenses que, corajosamente, haviam combatido a seu lado. A esses sim, rendia profunda homenagem e nunca mais esqueceria. Era assim que pensava o rei que nunca fora rei, a não ser dos portucalenses.

A sua glória estava há muito escrita, que não num papel.

Agora era tarde, era altura de partir.

Num último respiro, a sua vontade foi a de ser enterrado no templo que fundara, em Santa Cruz, debaixo da cruz pela qual lutara e dentro de um túmulo que lhe fosse humilde, como o povo que defendera. Aos pés, quis apenas que lhe pusessem o leão de oiro que guardava. Seria a sua companhia, nesta última viagem que empreendia. Não pedia mais nada.

Na tarde de 6 de Dezembro de 1185, com setenta e seis anos, o primeiro rei de Portugal, D. Afonso Henriques, fechou os olhos e deixou-se adormecer na eternidade. Para descanso da sua alma, o filho D. Sancho I respeitou-lhe a palavra e, entre outros, mandou escrever no epitáfio da tumba os seguintes dizeres:

Aqui jaz um outro Alexandre, ou outro Júlio César, guerreiro invencível, honra brilhante do orbe (...) *Que foi defensor da cruz e protegido pela Cruz, assinala-o a Cruz, formada de escudos, no seu próprio escudo.*

Ainda hoje, essa cruz de escudos está lá, no brasão de armas da bandeira de Portugal, para nos lembrar quem foi o pai-fundador deste país. E, se fecharmos os olhos ao entoarmos o hino nacional, talvez consigamos viajar até esses tempos remotos e cavalgar a seu lado, contra centenas de exércitos e castelos inimigos, sem que nada nem ninguém jamais nos detenha a vontade de vencer. Afinal de contas, foi esse o legado que D. Afonso Henriques, o grão conquistador, nos deixou: um reino à beira-mar plantado e uma coragem que não conhece fronteiras.

FIM

Bibliografia

CARVALHO, Rómulo (1998), As origens de Portugal – História contada a uma criança, Lisboa, Fundação Calouste Gulbenkian.

FIGUEIREDO, Fernando (1994) "Da imagem do inimigo à construção do herói. O reinado de D. Afonso Henriques na Crónica dos Cinco Reis de Portugal", A Guerra até 1450, coord. Teresa Amado, Lisboa, Quimera, pp. 377-390.

LOYON, H. R. (1997), Dicionário da Idade Média, Rio de Janeiro, Jorge Zahar Editor.

MARQUES, Oliveira (1964), A sociedade medieval portuguesa, Lisboa, Sá da Costa.

MATTOSO, José (1985), Ricos-Homens, Infanções e Cavaleiros. A Nobreza Medieval Portuguesa nos Séculos XI e XII, 2ª ed., Lisboa, Guimarães Editores.

MATTOSO, José (dir.) (1992), História de Portugal, volume I, Lisboa, círculo de Leitores.

MATTOSO, José, MAGALHÃES, Ana Maria, ALÇADA, Isabel (2006), Os primeiros reis – História de Portugal, vol. I, Lisboa, Editorial Caminho.

MATTOSO, José (2007), D. Afonso Henriques, Lisboa, Temas e Debates.

Aqui nasceu Portugal - Condado Portucalense

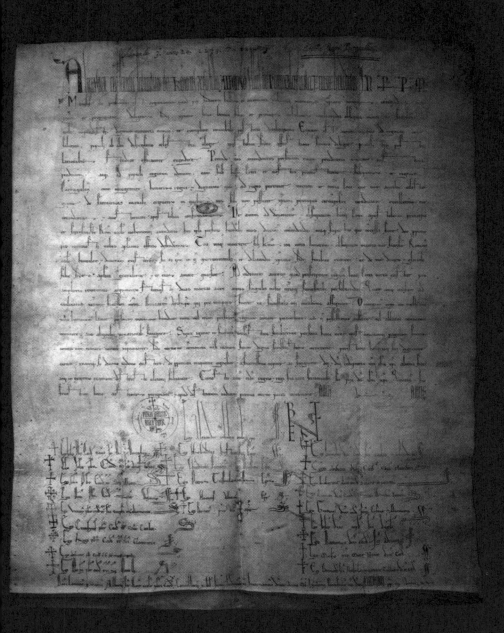

Manifestis Probatum

Esta bula do Papa Alexandre III, datada de Roma, 23 de Maio de 1179,
é a Magna Carta de Portugal como estado de direito, livre e independente.
Conserva-se na Torre do Tombo - Lisboa.

Paleta de Letras